CHINESE IDIOMS

(WITH CANTONESE ROMANISATION AND MANDARIN PINYIN)

LAWRENCE CHUI

Book Title: *Chinese Idioms*

Subtitle: *(With Cantonese Romanisation and Mandarin Pinyin)*

Author: *Lawrence Chui*

First Printing: *2019*

ISBN: *9781687634764*

Copyright © 2019

All rights reserved. This book or any portion thereof may not be reproduced or used in any manner whatsoever without the express written permission of the publisher except for the use of brief quotations in a book review or scholarly journal.

TABLE OF CONTENTS

DEDICATION	1
PREFACE	2
FOUR-CHARACTER IDIOMS	3
FIVE-CHARACTER IDIOMS	90
SIX-CHARACTER IDIOMS	93
SEVEN-CHARACTER IDIOMS	96
EIGHT-CHARACTER IDIOMS	98
NINE-CHARACTER IDIOMS	103
TEN-CHARACTER IDIOMS	104
SIDNEY LAU CANTONESE ROMANISATION SYSTEM PRONUNCIATION GUIDE	106

DEDICATION

I would like to express my heartfelt appreciation to all my beloved family and friends, who have provided me with continuous support and encouragement during the time of compiling this book.

Sincerely yours

Lawrence Chui

August 2019

PREFACE

This reference guide is ideal for any readers who show interest in learning Chinese Idioms and is useful for learners of Cantonese and Mandarin.

Around 1000 commonly used Chinese idioms being in Traditional Chinese are listed in this book and are placed under the headings being the total number of Chinese Characters. These idioms are further sorted in ascending order (that is Chinese Characters sorted by the number of strokes from least to most), and lastly by Chinese stroke orders.

Simplified Chinese (placed inside the round brackets only if applicable), *Sidney Lau Cantonese Romanisation* (indicated by the symbol [粵]), *Mandarin Pinyin* (indicated by the symbol [普]) and the English meaning or equivalent are given for each Chinese idiom.

I hope this book can help readers to understand more about Chinese Idioms.

Sincerely yours

Lawrence Chui

August 2019

FOUR-CHARACTER IDIOMS

一丁不識 (一丁不识)
[粵] yat1 ding1 bat1 sik1
[普] yī dīng bù shí
(1) to be completely illiterate

一了百了
[粵] yat1 liu5 baak3 liu5
[普] yī liǎo bǎi liǎo
(1) Once the main matter is settled, all other matters following it are also settled.

一刀兩斷 (一刀两断)
[粵] yat1 dou1 leung5 duen6
[普] yī dāo liǎng duàn
(1) to remove oneself totally and permanently from a relationship

一口咬定
[粵] yat1 hau2 ngaau5 ding6
[普] yī kǒu yǎo dìng
(1) to insist on one's view and refuse to withdraw or modify one's previous remark

一大筆錢 (一大笔钱)
[粵] yat1 daai6 bat1 chin2
[普] yī dà bǐ qián
(1) (idiom) a king's ransom

一五一十
[粵] yat1 ng5 yat1 sap6
[普] yī wǔ yī shí
(1) to narrate systematically and in full detail of the whole affair or the story from the beginning to end to someone

一分為二 (一分为二)
[粵] yat1 fan1 wai4 yi6
[普] yī fēn wéi èr
(1) everything has its good and bad sides

一切就緒 (一切就绪)
[粵] yat1 chai3 jau6 sui5
[普] yī qiē jiù xù
(1) everything is ready

一孔之見 (一孔之见)
[粵] yat1 hung2 ji1 gin3
[普] yī kǒng zhī jiàn
(1) to express a limited, narrow and one-sided view of something

一心一意
[粤] yat1 sam1 yat1 yi3
[普] yī xīn yī yì
(1) heart and soul; intently; to give all one's attention to someone or something

一心一德
[粤] yat1 sam1 yat1 dak1
[普] yī xīn yī dé
(1) to be united as one with the same thoughts and aspirations

一手包辦 （一手包办）
[粤] yat1 sau2 baau1 baan6
[普] yī shǒu bāo bàn
(1) to take care of a matter completely by oneself

一手遮天
[粤] yat1 sau2 je1 tin1
[普] yī shǒu zhē tiān
(1) to deceive or trick the public

一日三秋
[粤] yat1 yat6 saam1 chau1
[普] yī rì sān qiū
(1) a short time away from somebody seems to be a very long time apart

一日千里
[粤] yat1 yat6 chin1 lei5
[普] yī rì qiān lǐ
(1) to improve, to develop or to grow at a tremendous pace

一毛不拔
[粤] yat1 mou4 bat1 bat6
[普] yī máo bù bá
(1) It is used to ridicule someone who is very selfish or stingy.

一丘之貉
[粤] yat1 yau1 ji1 hok6
[普] yī qiū zhī hé
(1) It is used to describe a group of individuals who are just as bad as one another.

一本正經 （一本正经）
[粤] yat1 boon2 jing3 ging1
[普] yī běn zhèng jīng
(1) to be honest and upright, and to behave in a dignified and solemn manner

一本萬利 （一本万利）
[粤] yat1 boon2 maan6 lei6

[普] yī běn wàn lì
(1) to invest a small amount of capital and be able to reap large profits using it

一目瞭然 （一目了然）
[粵] yat1 muk6 liu5 yin4
[普] yī mù liǎo rán
(1) able to have a clear and thorough understanding at a glance

一目十行
[粵] yat1 muk6 sap6 hong4
[普] yī mù shí xíng
(1) to read rapidly

一石二鳥 （一石二鸟）
[粵] yat1 sek6 yi6 niu5
[普] yī shí èr niǎo
(1) (idiom) kill two birds with one stone

一如既往
[粵] yat1 yue4 gei3 wong5
[普] yī rú jì wǎng
(1) as always

一字一板
[粵] yat1 ji6 yat1 baan2
[普] yī zì yī bǎn
(1) to speak in a calm and clear way

一字褒貶 （一字褒贬）
[粵] yat1 ji6 bou1 bin2
[普] yī zì bāo biǎn
(1) a concise and deliberate choice of words

一帆風順 （一帆风顺）
[粵] yat1 faan4 fung1 sun6
[普] yī fān fēng shùn
(1) Have a nice trip! **(2)** plain sailing

一成不變 （一成不变）
[粵] yat1 sing4 bat1 bin3
[普] yī chéng bú biàn
(1) to remain unchanged over time

一衣帶水 （一衣带水）
[粵] yat1 yi1 daai3 sui2
[普] yī yī dài shuǐ
(1) separated only by a strip of water

一技之長 （一技之长）
[粵] yat1 gei6 ji1 cheung4
[普] yī jì zhī cháng
(1) to possess a type of

technical skill or has a speciality in a particular field

一改故轍 （一改故辙）
[粤] yat1 goi2 goo3 chit3
[普] yī gǎi gù zhé
(1) to change completely from one's old habit to a new one

一步登天
[粤] yat1 bou6 dang1 tin1
[普] yī bù dēng tiān
(1) to attain the highest level in one step

一決雌雄 （一决雌雄）
[粤] yat1 kuet3 chi1 hung4
[普] yī jué cí xióng
(1) to fight a decisive battle; to have a show-down

一見如故 （一见如故）
[粤] yat1 gin3 yue4 goo3
[普] yī jiàn rú gù
(1) to feel like old friends at the first meeting

一見鍾情 （一见钟情）
[粤] yat1 gin3 jung1 ching4
[普] yī jiàn zhōng qíng
(1) to fall in love at first sight

一言九鼎
[粤] yat1 yin4 gau2 ding2
[普] yī yán jiǔ dǐng
(1) one's words carry great weight

一言不發 （一言不发）
[粤] yat1 yin4 bat1 faat3
[普] yī yán bù fā
(1) to not say anything

一言為定 （一言为定）
[粤] yat1 yin4 wai4 ding6
[普] yī yán wéi dìng
(1) that is settled then

一言蔽之
[粤] yat1 yin4 bai3 ji1
[普] yī yán bì zhī
(1) to sum it up in a line of conversation

一言難盡 （一言难尽）
[粤] yat1 yin4 naan4 jun6
[普] yī yán nán jìn
(1) It is hard to hastily express a long story in a clear and short way.

一身是膽 （一身是胆）

[粤] yat1 san1 si6 daam2
[普] yī shēn shì dǎn
(1) to be full of courage

一事無成 （一事无成）
[粤] yat1 si6 mou4 sing4
[普] yī shì wú chéng
(1) to achieve nothing; to find oneself a complete failure in life

一刻千金
[粤] yat1 hak1 chin1 gam1
[普] yī kè qiān jīn
(1) time is extremely precious

一呼百諾 （一呼百诺）
[粤] yat1 foo1 baak3 nok6
[普] yī hū bǎi nuò
(1) It is used to describe someone who possesses an illustrious prestige and power and has a lot of attendants as a result.

一呼百應 （一呼百应）
[粤] yat1 foo1 baak3 ying3
[普] yī hū bǎi yìng
(1) to respond en masse

一命嗚呼 （一命呜呼）
[粤] yat1 ming6 woo1 foo1
[普] yī mìng wū hū
(1) to breathe one's last

一往情深
[粤] yat1 wong5 ching4 sam1
[普] yī wǎng qíng shēn
(1) to cherish a deep-seated affection for somebody or something

一拍即合
[粤] yat1 paak3 jik1 hap6
[普] yī pāi jí hé
(1) to hit it off with somebody

一板三眼
[粤] yat1 baan2 saam1 ngaan5
[普] yī bǎn sān yǎn
(1) to follow a set pattern in action or speech

一波三折
[粤] yat1 boh1 saam1 jit3
[普] yī bō sān zhé
(1) full of twists and turns or ups and downs

一知半解
[粤] yat1 ji1 boon3 gaai2
[普] yī zhī bàn jiě
(1) It is used to describe what

one knows is incomplete and has a superficial understanding of it.

一門心思 （一门心思）
[粤] yat1 moon4 sam1 si1
[普] yī mén xīn sī
(1) to be concentrated solely on doing something

一哄而散
[粤] yat1 hung6 yi4 saan3
[普] yī hōng ér sàn
(1) to break up in an uproar

一面之詞 （一面之词）
[粤] yat1 min6 ji1 chi4
[普] yī miàn zhī cí
(1) one side of the story

一差二錯 （一差二错）
[粤] yat1 cha1 yi6 choh3
[普] yī chà èr cuò
(1) a possible mistake or a mishap

一席之地
[粤] yat1 jik6 ji1 dei6
[普] yī xí zhī dì
(1) a tiny place (2) a position

一息尚存
[粤] yat1 sik1 seung6 chuen4
[普] yī xī shàng cún
(1) so long as one still has a breath left

一氣呵成 （一气呵成）
[粤] yat1 hei3 hoh1 sing4
[普] yī qì hē chéng
(1) to complete in one go so that there is coherence in thought and unity in style

一笑置之
[粤] yat1 siu3 ji3 ji1
[普] yī xiào zhì zhī
(1) to dismiss something with a laugh

一紙空文 （一纸空文）
[粤] yat1 ji2 hung1 man4
[普] yī zhǐ kōng wén
(1) a mere scrap of paper

一脈相承 （一脉相承）
[粤] yat1 mak6 seung1 sing4
[普] yī mài xiāng chéng
(1) can be traced to the same origin

一般見識 （一般见识）

［粵］ yat1 boon1 gin3 sik1
［普］ yī bān jiàn shí
(1) to lower oneself to the same level as somebody

一針見血 （一针见血）
［粵］ yat1 jam1 gin3 huet3
［普］ yī zhēn jiàn xiě
(1) to hit the nail on the head

一馬平川 （一马平川）
［粵］ yat1 ma5 ping4 chuen1
［普］ yī mǎ píng chuān
(1) a wide expanse of level land

一馬當先 （一马当先）
［粵］ yat1 ma5 dong1 sin1
［普］ yī mǎ dāng xiān
(1) to take the lead

一乾二淨 （一干二净）
［粵］ yat1 gon1 yi6 jeng6
［普］ yī gān èr jìng
(1) thoroughly

一掃而光 （一扫而光）
［粵］ yat1 sou3 yi4 gwong1
［普］ yī sǎo ér guāng
(1) to make a clean sweep of

一敗塗地 （一败涂地）
［粵］ yat1 baai6 tou4 dei6
［普］ yī bài tú dì
(1) to suffer a crushing defeat

一望而知
［粵］ yat1 mong6 yi4 ji1
［普］ yī wàng ér zhī
(1) be able to know or understand about something at a single glance

一望無際 （一望无际）
［粵］ yat1 mong6 mou4 jai3
［普］ yī wàng wú jì
(1) (idiom) as far as the eye can see

一清二楚
［粵］ yat1 ching1 yi6 choh2
［普］ yī qīng èr chǔ
(1) extremely clear

一貧如洗 （一贫如洗）
［粵］ yat1 pan4 yue4 sai2
［普］ yī pín rú xǐ
(1) It is used to describe someone who is either destitute or impoverished.

一勞永逸 （一劳永逸）
［粵］ yat1 lou4 wing5 yat6

[普] yī láo yǒng yì
(1) to settle a matter once and for all

一廂情願 （一厢情愿）
[粤] yat1 seung1 ching4 yuen6
[普] yī xiāng qíng yuàn
(1) the feeling is not mutual

一揮而就 （一挥而就）
[粤] yat1 fai1 yi4 jau6
[普] yī huī ér jiù
(1) to finish a piece of painting or writing quickly

一朝一夕
[粤] yat1 jiu1 yat1 jik6
[普] yī zhāo yī xī
(1) in a short period of time

一無可取 （一无可取）
[粤] yat1 mou4 hoh2 chui2
[普] yī wú kě qǔ
(1) to be devoid of any merit

一無所有 （一无所有）
[粤] yat1 mou4 soh2 yau5
[普] yī wú suǒ yǒu
(1) (idiom) to not have a thing to one's name

一無所知 （一无所知）
[粤] yat1 mou4 soh2 ji1
[普] yī wú suǒ zhī
(1) to know nothing about it

一無所長 （一无所长）
[粤] yat1 mou4 soh2 cheung4
[普] yī wú suǒ cháng
(1) to have no special skill

一無長物 （一无长物）
[粤] yat1 mou4 jeung6 mat6
[普] yī wú cháng wù
(1) to not have a thing to one's name

一無是處 （一无是处）
[粤] yat1 mou4 si6 chue3
[普] yī wú shì chù
(1) be entirely wrong

一筆勾消 （一笔勾消）
[粤] yat1 bat1 ngau1 siu1
[普] yī bǐ gōu xiāo
(1) cancel; to write off at one stroke

一筆抹煞 （一笔抹煞）
[粤] yat1 bat1 moot3 saat3
[普] yī bǐ mǒ shā

(1) to hastily deny someone completely

一絲一毫 （一丝一毫）
[粵] yat1 si1 yat1 hou4
[普] yī sī yī háo
(1) a tiny bit

一絲不苟 （一丝不苟）
[粵] yat1 si1 bat1 gau2
[普] yī sī bù gǒu
(1) to work with meticulous attention and conscientiously

一視同仁 （一视同仁）
[粵] yat1 si6 tung4 yan4
[普] yī shì tóng rén
(1) to treat all the people equally without any discrimination

一塌糊塗 （一塌糊涂）
[粵] yat1 taap3 woo4 tou4
[普] yī tā hū tú
(1) be in a complete mess

一意孤行
[粵] yat1 yi3 goo1 hang4
[普] yī yì gū xíng
(1) to insist on having one's own way despite somebody's advice to the contrary

一概而論 （一概而论）
[粵] yat1 koi3 yi4 lun6
[普] yī gài ér lùn
(1) to treat the different matters, problems and things as the same

一落千丈
[粵] yat1 lok6 chin1 jeung6
[普] yī luò qiān zhàng
(1) to suffer a drastic decline

一葉知秋 （一叶知秋）
[粵] yat1 yip6 ji1 chau1
[普] yī yè zhī qiū
(1) a straw in the wind

一路平安
[粵] yat1 lou6 ping4 on1
[普] yī lù píng ān
(1) It is used to wish someone to have a pleasant journey.

一團漆黑 （一团漆黑）
[粵] yat1 tuen4 chat1 hak1
[普] yī tuán qī hēi
(1) extremely dark **(2)** to be entirely ignorant of

| 一塵不染 | （一尘不染）
[粵] yat1 chan4 bat1 yim5
[普] yī chén bù rǎn
(1) spotless

| 一網打盡 | （一网打尽）
[粵] yat1 mong5 da2 jun6
[普] yī wǎng dǎ jìn
(1) to catch the whole lot in a dragnet

| 一語破的 | （一语破的）
[粵] yat1 yue5 poh3 dik1
[普] yī yǔ pò dì
(1) to hit the mark with a single comment

| 一語道破 | （一语道破）
[粵] yat1 yue5 dou6 poh3
[普] yī yǔ dào pò
(1) to hit the nail on the head

| 一鳴驚人 | （一鸣惊人）
[粵] yat1 ming4 ging1 yan4
[普] yī míng jīng rén
(1) to become famous overnight

| 一模一樣 | （一模一样）
[粵] yat1 mou4 yat1 yeung6
[普] yī mú yī yàng
(1) exactly the same in appearance

| 一盤散沙 | （一盘散沙）
[粵] yat1 poon4 saan2 sa1
[普] yī pán sǎn shā
(1) in a state of disunity; lacking the spirit of cooperation

| 一箭雙鵰 | （一箭双雕）
[粵] yat1 jin3 seung1 diu1
[普] yī jiàn shuāng diāo
(1) (idiom) Kill two birds with one stone.

| 一髮千鈞 | （一发千钧）
[粵] yat1 faat3 chin1 gwan1
[普] yī fà qiān jūn
(1) to be in imminent peril

| 一頭霧水 | （一头雾水）
[粵] yat1 tau4 mou6 sui2
[普] yī tóu wù shuǐ
(1) to be confused

| 一應俱全 | （一应俱全）
[粵] yat1 ying3 kui1 chuen4
[普] yī yīng jù quán
(1) nothing is missing

| 一舉一動 | （一举一动）
[粤] yat1 gui2 yat1 dung6
[普] yī jǔ yī dòng
(1) every act and every move of a person

| 一舉成名 | （一举成名）
[粤] yat1 gui2 sing4 ming4
[普] yī jǔ chéng míng
(1) to become famous overnight

| 一舉兩得 | （一举两得）
[粤] yat1 gui2 leung5 dak1
[普] yī jǔ liǎng dé
(1) to achieve a double advantage with a single action **(2)** to kill two birds with one stone

| 一擲千金 | （一掷千金）
[粤] yat1 jaak6 chin1 gam1
[普] yī zhì qiān jīn
(1) to throw away money recklessly

| 一瀉千里 | （一泻千里）
[粤] yat1 se3 chin1 lei5
[普] yī xiè qiān lǐ
(1) to flow down in a rushing torrent to a far distance **(2)** to be bold and flowing in writing

| 一竅不通 | （一窍不通）
[粤] yat1 hiu3 bat1 tung1
[普] yī qiào bù tōng
(1) It is used to describe someone who either knows nothing or does not understand something at all.

| 一曝十寒 |
[粤] yat1 buk6 sap6 hon4
[普] yī pù shí hán
(1) a short attention span in one's learning or work

| 一蹴而就 |
[粤] yat1 chuk1 yi4 jau6
[普] yī cù ér jiù
(1) to achieve success in a very short period of time

| 一蹶不振 |
[粤] yat1 kuet3 bat1 jan3
[普] yī jué bú zhèn
(1) unable to pull oneself together whenever one has met with failure

| 一籌莫展 | （一筹莫展）

[粵] yat1 chau4 mok6 jin2
[普] yī chóu mò zhǎn
(1) to be unable to find a solution to a problem

一觸即發 （一触即发）
[粵] yat1 juk1 jik1 faat3
[普] yī chù jí fā
(1) may break out at any moment

一觸即潰 （一触即溃）
[粵] yat1 juk1 jik1 kooi2
[普] yī chù jí kuì
(1) to collapse on a first encounter

一鱗半爪 （一鳞半爪）
[粵] yat1 lun4 boon3 jaau2
[普] yī lín bàn zhǎo
(1) only bits and pieces of something

七七八八
[粵] chat1 chat1 baat3 baat3
[普] qī qī bā bā
(1) more or less complete

七上八下
[粵] chat1 seung5 baat3 ha6
[普] qī shàng bā xià
(1) to be perturbed

七孔八洞
[粵] chat1 hung2 baat3 dung6
[普] qī kǒng bā dòng
(1) extremely tattered

七手八腳 （七手八脚）
[粵] chat1 sau2 baat3 geuk3
[普] qī shǒu bā jiǎo
(1) (proverb) Too many cooks spoil the broth.

七拼八湊 （七拼八凑）
[粵] chat1 ping3 baat3 chau3
[普] qī pīn bā còu
(1) to assemble something at random

七零八落
[粵] chat1 ling4 baat3 lok6
[普] qī líng bā luò
(1) Everything is broken and in disorder. **(2)** sparse

七嘴八舌
[粵] chat1 jui2 baat3 sit3
[普] qī zuǐ bā shé
(1) Everybody voicing their opinion or talking at the same time, in a manner of confusion.

七竅生煙 （七窍生烟）
[粵] chat1 hiu3 sang1 yin1
[普] qī qiào shēng yān
(1) to seethe with anger

九牛一毛
[粵] gau2 ngau4 yat1 mou4
[普] jiǔ niú yī máo
(1) (idiom) a drop in the ocean

九死一生
[粵] gau2 sei2 yat1 sang1
[普] jiǔ sǐ yī shēng
(1) to be in an extremely dangerous situation

九霄雲外 （九霄云外）
[粵] gau2 siu1 wan4 ngoi6
[普] jiǔ xiāo yún wài
(1) to be unimaginably far away

人山人海
[粵] yan4 saan1 yan4 hoi2
[普] rén shān rén hǎi
(1) (idiom) the world and his wife

人之常情
[粵] yan4 ji1 seung4 ching4
[普] rén zhī cháng qíng
(1) normal human feelings

人心惶惶
[粵] yan4 sam1 wong4 wong4
[普] rén xīn huáng huáng
(1) People are nervous or agitated.

人言可畏
[粵] yan4 yin4 hoh2 wai3
[普] rén yán kě wèi
(1) (phrase) Gossip is a fearful thing.

人跡罕至 （人迹罕至）
[粵] yan4 jik1 hon2 ji3
[普] rén jì hǎn zhì
(1) (idiom) off the beaten track

入不敷出
[粵] yap6 bat1 foo1 chut1
[普] rù bù fū chū
(1) cannot make both ends meet

入木三分
[粵] yap6 muk6 saam1 fan1
[普] rù mù sān fēn
(1) (of an analysis) incisive **(2)** (of Chinese calligraphy) written

in a forceful hand

入情入理
[粵] yap6 ching4 yap6 lei5
[普] rù qíng rù lǐ
(1) is sensible and reasonable

入鄉隨俗 （入乡随俗）
[粵] yap6 heung1 chui4 juk6
[普] rù xiāng suí sú
(1) Do as the natives do.

八面玲瓏 （八面玲珑）
[粵] baat3 min6 ling4 lung4
[普] bā miàn líng lóng
(1) (idiom) all things to all people

力不從心 （力不从心）
[粵] lik6 bat1 chung4 sam1
[普] lì bù cóng xīn
(1) lacking the ability to do what one would like to do

十全十美
[粵] sap6 chuen4 sap6 mei5
[普] shí quán shí měi
(1) be perfect in every respect

十年寒窗
[粵] sap6 nin4 hon4 cheung1
[普] shí nián hán chuāng
(1) a student's long years of hard study

十室九空
[粵] sap6 sat1 gau2 hung1
[普] shí shì jiǔ kōng
(1) It is a scene of desolation left after a vast number of people who have died or fled due to a famine, war and tyranny.

十拿九穩 （十拿九稳）
[粵] sap6 na4 gau2 wan2
[普] shí ná jiǔ wěn
(1) to be quite certain of

十惡不赦 （十恶不赦）
[粵] sap6 ok3 bat1 se3
[普] shí è bú shè
(1) guilty of unpardonable wickedness

十萬火急 （十万火急）
[粵] sap6 maan6 foh2 gap1
[普] shí wàn huǒ jí
(1) extremely urgent

三五成群
[粵] saam1 ng5 sing4 kwan4

[普] sān wǔ chéng qún
(1) in small groups

三令五申
[粤] saam1 ling6 ng5 san1
[普] sān líng wǔ shēn
(1) to issue orders repeatedly

三言兩語 （三言两语）
[粤] saam1 yin4 leung5 yue5
[普] sān yán liǎng yǔ
(1) to succinctly express

三思而行
[粤] saam3 si1 yi4 hang4
[普] sān sī ér xíng
(1) (phrase) look before you leap

三番四次
[粤] saam1 faan1 sei3 chi3
[普] sān fān sì cì
(1) over and over again

三頭六臂 （三头六臂）
[粤] saam1 tau4 luk6 bei3
[普] sān tóu liù bì
(1) to have very strong power

下不為例 （下不为例）
[粤] ha6 bat1 wai4 lai6
[普] xià bù wéi lì
(1) not to be taken as a precedent

下落不明
[粤] ha6 lok6 bat1 ming4
[普] xià luò bù míng
(1) one's whereabouts is unknown

千山萬水 （千山万水）
[粤] chin1 saan1 maan6 sui2
[普] qiān shān wàn shuǐ
(1) a long journey filled with numerous difficulties and dangers

千夫所指
[粤] chin1 foo1 soh2 ji2
[普] qiān fū suǒ zhǐ
(1) be condemned by the public

千方百計 （千方百计）
[粤] chin1 fong1 baak3 gai3
[普] qiān fāng bǎi jì
(1) (idiom) by hook or by crook

千言萬語 （千言万语）
[粤] chin1 yin4 maan6 yue5
[普] qiān yán wàn yǔ
(1) to have a lot of things to say

千辛萬苦 （千辛万苦）
[粵] chin1 san1 maan6 foo2
[普] qiān xīn wàn kǔ
(1) to undergo all conceivable hardships

千里迢迢
[粵] chin1 lei5 tiu4 tiu4
[普] qiān lǐ tiáo tiáo
(1) a far distant

千呼萬喚 （千呼万喚）
[粵] chin1 foo1 maan6 woon6
[普] qiān hū wàn huàn
(1) to invite somebody time and again

千奇百怪
[粵] chin1 kei4 baak3 gwaai3
[普] qiān qí bǎi guài
(1) all kinds of strange things

千姿百態 （千姿百态）
[粵] chin1 ji1 baak3 taai3
[普] qiān zī bǎi tài
(1) in different poses and with different expressions

千軍萬馬 （千军万马）
[粵] chin1 gwan1 maan6 ma5
[普] qiān jūn wàn mǎ
(1) a powerful army

千真萬確 （千真万确）
[粵] chin1 jan1 maan6 kok3
[普] qiān zhēn wàn què
(1) absolutely true

千鈞一髮 （千钧一发）
[粵] chin1 gwan1 yat1 faat3
[普] qiān jūn yī fà
(1) be in imminent danger

千載難逢 （千载难逢）
[粵] chin1 joi2 naan4 fung4
[普] qiān zǎi nán féng
(1) (idiom) once in a blue moon

千瘡百孔 （千疮百孔）
[粵] chin1 chong1 baak3 hung2
[普] qiān chuāng bǎi kǒng
(1) to be badly devastated

千篇一律
[粵] chin1 pin1 yat1 lut6
[普] qiān piān yī lǜ
(1) to follow the same pattern

千錘百鍊 （千锤百炼）
[粵] chin1 chui4 baak3 lin6

［普］ *qiān chuí bǎi liàn*
(1) *to be revised and rewritten many times*

千變萬化 （千变万化）
［粵］ *chin1 bin3 maan6 fa3*
［普］ *qiān biàn wàn huà*
(1) *ever-changing*

口是心非
［粵］ *hau2 si6 sam1 fei1*
［普］ *kǒu shì xīn fēi*
(1) *to say one thing but mean another*

土生土長 （土生土长）
［粵］ *tou2 sang1 tou2 jeung2*
［普］ *tǔ shēng tǔ zhǎng*
(1) *be born and grow up locally*

土崩瓦解
［粵］ *tou2 bang1 nga5 gaai2*
［普］ *tǔ bēng wǎ jiě*
(1) *to collapse* **(2)** *to fall apart*

大功告成
［粵］ *daai6 gung1 gou3 sing4*
［普］ *dà gōng gào chéng*
(1) *(of a goal or project) that one has successfully accomplished*

大吉大利
［粵］ *daai6 gat1 daai6 lei6*
［普］ *dà jí dà lì*
(1) *very auspicious*

大同小異 （大同小异）
［粵］ *daai6 tung4 siu2 yi6*
［普］ *dà tóng xiǎo yì*
(1) *much the same ; virtually the same except for some minor differences*

大名鼎鼎
［粵］ *daai6 ming4 ding2 ding2*
［普］ *dà míng dǐng dǐng*
(1) *(of a person) famous ; (of a person) well-known*

大汗淋漓
［粵］ *daai6 hon6 lam4 lei4*
［普］ *dà hàn lín lí*
(1) *to sweat profusely*

大快朵頤 （大快朵颐）
［粵］ *daai6 faai3 doh2 yi4*
［普］ *dà kuài duǒ yí*
(1) *to eat heartily*

大材小用
［粵］ *daai6 choi4 siu2 yung6*

[普] dà cái xiǎo yòng
(1) being a waste of one's talent on a petty job

大放厥詞 （大放厥词）
[粵] daai6 fong3 kuet3 chi4
[普] dà fàng jué cí
(1) to talk a lot of nonsense

大逆不道
[粵] daai6 yik6 bat1 dou6
[普] dà nì bú dào
(1) (of a person) disobedient and treacherous

大惑不解
[粵] daai6 waak6 bat1 gaai2
[普] dà huò bù jiě
(1) to be extremely puzzled

大智若愚
[粵] daai6 ji3 yeuk6 yue4
[普] dà zhì ruò yú
(1) a man of great wisdom often appears stupid

大街小巷
[粵] daai6 gaai1 siu2 hong6
[普] dà jiē xiǎo xiàng
(1) every nook and cranny of every street

大開眼界 （大开眼界）
[粵] daai6 hoi1 ngaan5 gaai3
[普] dà kāi yǎn jiè
(1) be an eye-opener；(idiom) broaden somebody's horizons；(idiom) expand somebody's horizons；(idiom) widen somebody's horizons

大驚小怪 （大惊小怪）
[粵] daai6 ging1 siu2 gwaai3
[普] dà jīng xiǎo guài
(1) to make a fuss about over a trifling matter

寸步不離 （寸步不离）
[粵] chuen3 bou6 bat1 lei4
[普] cùn bù bù lí
(1) to have very close relationship

寸步不讓 （寸步不让）
[粵] chuen3 bou6 bat1 yeung6
[普] cùn bù bú ràng
(1) (idiom) not give an inch

小心翼翼
[粵] siu2 sam1 yik6 yik6
[普] xiǎo xīn yì yì
(1) extremely cautious

小題大做 （小题大做）
[粵] siu2 tai4 daai6 jou6
[普] xiǎo tí dà zuò
(1) to make a big fuss over a minor issue

山窮水盡 （山穷水尽）
[粵] saan1 kung4 sui2 jun6
[普] shān qióng shuǐ jìn
(1) be ended up in poverty (2) be trapped in a desperate situation

川流不息
[粵] chuen1 lau4 bat1 sik1
[普] chuān liú bù xī
(1) in an endless stream

不毛之地
[粵] bat1 mou4 ji1 dei6
[普] bù máo zhī dì
(1) barren land

不以為然 （不以为然）
[粵] bat1 yi5 wai4 yin4
[普] bù yǐ wéi rán
(1) to disapprove

不可一世
[粵] bat1 hoh2 yat1 sai3
[普] bù kě yī shì
(1) to be extremely arrogant

不可告人
[粵] bat1 hoh2 gou3 yan4
[普] bù kě gào rén
(1) (of something) that cannot be divulged with others

不可枚舉 （不可枚举）
[粵] bat1 hoh2 mooi4 gui2
[普] bù kě méi jǔ
(1) incapable of being counted

不可思議 （不可思议）
[粵] bat1 hoh2 si1 yi5
[普] bù kě sī yì
(1) Something is noteworthy or amazing in an unexpected way.

不可理喻
[粵] bat1 hoh2 lei5 yue6
[普] bù kě lǐ yù
(1) refuse to listen to reason

不可開交 （不可开交）
[粵] bat1 hoh2 hoi1 gaau1
[普] bù kě kāi jiāo
(1) not being able to get rid of or get away from duties, pressure, etc

不打自招
[粤] bat1 da2 ji6 jiu1
[普] bù dǎ zì zhāo
(1) to make a confession without being pressed

不甘示弱
[粤] bat1 gam1 si6 yeuk6
[普] bù gān shì ruò
(1) not wanting someone else to do something better than you

不由分說 （不由分说）
[粤] bat1 yau4 fan1 suet3
[普] bù yóu fēn shuō
(1) to allow no explanation

不由自主
[粤] bat1 yau4 ji6 jue2
[普] bù yóu zì zhǔ
(1) involuntarily

不亦樂乎 （不亦乐乎）
[粤] bat1 yik6 lok6 foo4
[普] bú yì lè hū
(1) extremely happy and excited

不吐不快
[粤] bat1 tou3 bat1 faai3
[普] bù tǔ bù kuài
(1) It is used to describe one who can only have a sense of relief by pouring out her or his heart.

不成體統 （不成体统）
[粤] bat1 sing4 tai2 tung2
[普] bù chéng tǐ tǒng
(1) not in keeping with decorum

不自量力
[粤] bat1 ji6 leung6 lik6
[普] bú zì liàng lì
(1) to overrate one's capabilities

不折不扣
[粤] bat1 jit3 bat1 kau3
[普] bù zhé bú kòu
(1) completely

不見經傳 （不见经传）
[粤] bat1 gin3 ging1 juen6
[普] bú jiàn jīng zhuàn
(1) to have no foundation or basis in fact

不言而喻

[粤] bat1 yin4 yi4 yue6
[普] bù yán ér yù
(1) *(phrase) It goes without saying.*

不足為奇 (不足为奇)
[粤] bat1 juk1 wai4 kei4
[普] bù zú wéi qí
(1) *not at all surprising*

不足掛齒 (不足挂齿)
[粤] bat1 juk1 gwa3 chi2
[普] bù zú guà chǐ
(1) *not worth mentioning*

不屈不撓 (不屈不挠)
[粤] bat1 wat1 bat1 naau4
[普] bù qū bù náo
(1) *unyielding*

不拘一格
[粤] bat1 kui1 yat1 gaak3
[普] bù jū yī gé
(1) *not limited to one form, standard, style or type*

不知不覺 (不知不觉)
[粤] bat1 ji6 gok3 dei6
[普] bù zhī bù jué
(1) *unconsciously*

不知所終 (不知所终)
[粤] bat1 ji1 soh2 jung1
[普] bù zhī suǒ zhōng
(1) *to not know the final result*
(2) *to not know the whereabouts of somebody*

不知所謂 (不知所谓)
[粤] bat1 ji1 soh2 wai6
[普] bù zhī suǒ wèi
(1) *to not know common or simple things* **(2)** *to not know what one is doing*

不近人情
[粤] bat1 gan6 yan4 ching4
[普] bú jìn rén qíng
(1) *being inconsiderate* **(2)** *has no regard for people's feeling*

不相伯仲
[粤] bat1 seung1 baak3 jung6
[普] bù xiāng bó zhòng
(1) *about the same* **(2)** *equally matched*

不省人事
[粤] bat1 sing2 yan4 si6
[普] bù xǐng rén shì
(1) *to be in a coma* **(2)** *to be*

unconscious

不負眾望 （不负众望）
[粵] bat1 foo6 jung3 mong6
[普] bú fù zhòng wàng
(1) to deliver the goods

不倫不類 （不伦不类）
[粵] bat1 lun4 bat1 lui6
[普] bù lún bú lèi
(1) (phrase) neither fish nor fowl ; not belonging or appearing to belong to a particular class or kind

不屑一顧 （不屑一顾）
[粵] bat1 sit3 yat1 goo3
[普] bú xiè yī gù
(1) to look down on

不恥下問 （不耻下问）
[粵] bat1 chi2 ha6 man6
[普] bù chǐ xià wèn
(1) to not feel ashamed to ask and learn from one's subordinates

不眠不休
[粵] bat1 min4 bat1 yau1
[普] bù mián bù xiū
(1) to work very hard without stopping to sleep or have a rest

不假思索
[粵] bat1 ga2 si1 sok3
[普] bù jiǎ sī suǒ
(1) taking no time to think

不偏不倚
[粵] bat1 pin1 bat1 yi2
[普] bù piān bù yǐ
(1) being not partial or biased

不動聲色 （不动声色）
[粵] bat1 dung6 sing1 sik1
[普] bú dòng shēng sè
(1) to be totally silent **(2)** to not reveal one's thoughts or feelings

不得而知
[粵] bat1 dak1 yi4 ji1
[普] bù dé ér zhī
(1) unable to find out

不得其法
[粵] bat1 dak1 kei4 faat3
[普] bù dé qí fǎ
(1) not using the right method for doing something

不速之客

[粤] bat1 chuk1 ji1 haak3
[普] bú sù zhī kè
(1) *unexpected or uninvited guest*

不勝其苦 （不胜其苦）
[粤] bat1 sing1 kei4 foo2
[普] bú shèng qí kǔ
(1) *being unable to bear the pain*

不勝枚舉 （不胜枚举）
[粤] bat1 sing1 mooi4 gui2
[普] bú shèng méi jǔ
(1) *too numerous to mention one by one*

不勞而獲 （不劳而获）
[粤] bat1 lou4 yi4 wok6
[普] bù láo ér huò
(1) *to profit by other people's toil*

不寒而慄 （不寒而栗）
[粤] bat1 hon4 yi4 lut6
[普] bù hán ér lì
(1) *to tremble with fear*

不慌不忙
[粤] bat1 fong1 bat1 mong4
[普] bù huāng bù máng
(1) *calm and unhurried*

不經不覺 （不经不觉）
[粤] bat1 ging1 bat1 gok3
[普] bù jīng bù jué
(1) *without realising*

不義之財 （不义之财）
[粤] bat1 yi6 ji1 choi4
[普] bú yì zhī cái
(1) *ill-gotten or gains or wealth*

不遑多讓 （不遑多让）
[粤] bat1 wong4 doh1 yeung6
[普] bù huáng duō ràng
(1) *not worse than*

不厭其煩 （不厌其烦）
[粤] bat1 yim3 kei4 faan4
[普] bú yàn qí fán
(1) *not to mind taking the trouble*

不聞不問 （不闻不问）
[粤] bat1 man4 bat1 man6
[普] bù wén bú wèn
(1) *to neither care to inquire nor to hear*

不遠千里 （不远千里）
[粤] bat1 yuen5 chin1 lei5

［普］ bù yuǎn qiān lǐ
(1) Do not care about the distance.

不擇手段 （不择手段）
［粵］ bat1 jaak6 sau2 duen6
［普］ bù zé shǒu duàn
(1) *(idiom)* by hook or by crook

不謀而合 （不谋而合）
［粵］ bat1 mau4 yi4 hap6
［普］ bù móu ér hé
(1) happen to coincide

不翼而飛 （不翼而飞）
［粵］ bat1 yik6 yi4 fei1
［普］ bú yì ér fēi
(1) to vanish all of a sudden

不藥而癒 （不药而愈）
［粵］ bat1 yeuk6 yi4 yue6
［普］ bú yào ér yù
(1) to recover without taking medicine

不辭而別 （不辞而别）
［粵］ bat1 chi4 yi4 bit6
［普］ bù cí ér bié
(1) to leave without saying goodbye

不辭勞苦 （不辞劳苦）
［粵］ bat1 chi4 lou6 foo2
［普］ bù cí láo kǔ
(1) to spare no effort

不顧一切 （不顾一切）
［粵］ bat1 goo3 yat1 chai3
［普］ bú gù yī qiē
(1) no matter what it takes

不歡而散 （不欢而散）
［粵］ bat1 foon1 yi4 saan3
［普］ bù huān ér sàn
(1) to part on bad terms

五花八門 （五花八门）
［粵］ ng5 fa1 baat3 moon4
［普］ wǔ huā bā mén
(1) wide variety

井井有條 （井井有条）
［粵］ jeng2 jeng2 yau5 tiu4
［普］ jǐng jǐng yǒu tiáo
(1) neat and tidy

井底之蛙
［粵］ jeng2 dai2 ji1 wa1
［普］ jǐng dǐ zhī wā
(1) a person with a very limited outlook and experience

今非昔比
[粵] gam1 fei1 sik1 bei2
[普] jīn fēi xī bǐ
(1) things are not what they used to be

公事公辦 （公事公办）
[粵] gung1 si6 gung1 baan6
[普] gōng shì gōng bàn
(1) business is business

凶多吉少
[粵] hung1 doh1 gat1 siu2
[普] xiōng duō jí shǎo
(1) ominous

分工合作
[粵] fan1 gung1 hap6 jok3
[普] fēn gōng hé zuò
(1) to share out the work and help one another

分化瓦解
[粵] fan1 fa3 nga5 gaai2
[普] fēn huà wǎ jiě
(1) to disintegrate

分道揚鑣 （分道扬镳）
[粵] fan1 dou6 yeung4 biu1
[普] fēn dào yáng biāo
(1) (idiom) go their separate ways

化為烏有 （化为乌有）
[粵] fa3 wai4 woo1 yau5
[普] huà wéi wū yǒu
(1) (phrase) go up in smoke

化險為夷 （化险为夷）
[粵] fa3 him2 wai4 yi4
[普] huà xiǎn wéi yí
(1) to avert disaster

升斗小民
[粵] sing1 dau2 siu2 man4
[普] shēng dǒu xiǎo mín
(1) poor people

天下無雙 （天下无双）
[粵] tin1 ha6 mou4 seung1
[普] tiān xià wú shuāng
(1) to be unparalleled in the world

天涯海角
[粵] tin1 ngaai4 hoi2 gok3
[普] tiān yá hǎi jiǎo
(1) (phrase) the ends of the earth

天經地義 （天经地义）

[粵] tin1 ging1 dei6 yi6
[普] tiān jīng dì yì
(1) right and proper

天壤之別（天壤之别）
[粵] tin1 yeung6 ji1 bit6
[普] tiān rǎng zhī bié
(1) (idiom) be a far cry from something

引人入勝（引人入胜）
[粵] yan5 yan4 yap6 sing3
[普] yǐn rén rù shèng
(1) absorbing **(2)** fascinating

引人注目
[粵] yan5 yan4 jue3 muk6
[普] yǐn rén zhù mù
(1) to attract a lot of attention

引狼入室
[粵] yan5 long4 yap6 sat1
[普] yǐn láng rù shì
(1) to expose oneself to danger

心不在焉
[粵] sam1 bat1 joi6 yin4
[普] xīn bú zài yān
(1) to be absentminded

心中有數（心中有数）
[粵] sam1 jung1 yau5 sou3
[普] xīn zhōng yǒu shù
(1) to have a pretty good idea of how things stand

心平氣和（心平气和）
[粵] sam1 ping4 hei3 woh4
[普] xīn píng qì hé
(1) to be in a calm mood

心甘情願（心甘情愿）
[粵] sam1 gam1 ching4 yuen6
[普] xīn gān qíng yuàn
(1) (phrase) of one's own accord

心如止水
[粵] sam1 yue4 ji2 sui2
[普] xīn rú zhǐ shuǐ
(1) to be at peace with oneself

心安理得
[粵] sam1 on1 lei5 dak1
[普] xīn ān lǐ dé
(1) to feel at ease and justified on deeds of oneself

心有餘悸（心有余悸）
[粵] sam1 yau5 yue4 gwai3
[普] xīn yǒu yú jì
(1) to have a lingering fear

心灰意冷
[粵] sam1 fooi1 yi3 laang5
[普] xīn huī yì lěng
(1) be discouraged

心血來潮 （心血来潮）
[粵] sam1 huet3 loi4 chiu4
[普] xīn xuè lái cháo
(1) to be prompted by a sudden impulse

心服口服
[粵] sam1 fuk6 hau2 fuk6
[普] xīn fú kǒu fú
(1) be sincerely convinced and ready to concede **(2)** be fully convinced

心直口快
[粵] sam1 jik6 hau2 faai3
[普] xīn zhí kǒu kuài
(1) to be frank and outspoken

心花怒放
[粵] sam1 fa1 nou6 fong3
[普] xīn huā nù fàng
(1) (idiom) burst with joy

心急如焚
[粵] sam1 gap1 yue4 fan4
[普] xīn jí rú fén
(1) to be very worried

心狠手辣
[粵] sam1 han2 sau2 laat6
[普] xīn hěn shǒu là
(1) to be cruel and ruthless

心悅誠服 （心悦诚服）
[粵] sam1 yuet6 sing4 fuk6
[普] xīn yuè chéng fú
(1) to be completely convinced

心神不寧 （心神不宁）
[粵] sam1 san4 bat1 ning4
[普] xīn shén bù níng
(1) to feel ill at ease

心滿意足 （心满意足）
[粵] sam1 moon5 yi3 juk1
[普] xīn mǎn yì zú
(1) be completely satisfied

心靈相通 （心灵相通）
[粵] sam1 ling4 seung1 tung1
[普] xīn líng xiāng tōng
(1) minds are in sync

手足無措 （手足无措）
[粵] sau2 juk1 mou4 chou3
[普] shǒu zú wú cuò

(1) be at a loss to know what to do

斤斤計較 （斤斤计较）
[粵] gan1 gan1 gai3 gaau3
[普] jīn jīn jì jiào
(1) to haggle over every ounce

日新月異 （日新月异）
[粵] yat6 san1 yuet6 yi6
[普] rì xīn yuè yì
(1) to change rapidly and continuously

日積月累 （日积月累）
[粵] yat6 jik1 yuet6 lui6
[普] rì jī yuè léi
(1) to accumulate for a long time

木已成舟
[粵] muk6 yi5 sing4 jau1
[普] mù yǐ chéng zhōu
(1) what is done cannot be undone

毛手毛腳 （毛手毛脚）
[粵] mou4 sau2 mou4 geuk3
[普] máo shǒu máo jiǎo
(1) handsy

毛骨悚然
[粵] mou4 gwat1 sung2 yin4
[普] máo gǔ sǒng rán
(1) be absolutely horrified

水落石出
[粵] sui2 lok6 sek6 chut1
[普] shuǐ luò shí chū
(1) (idiom) get to the bottom of something

水滴石穿
[粵] sui2 dik6 sek6 chuen1
[普] shuǐ dī shí chuān
(1) constant perseverance yields success

火上加油
[粵] foh2 seung6 ga1 yau4
[普] huǒ shàng jiā yóu
(1) to aggravate the situation

火紅火綠 （火红火绿）
[粵] foh2 hung4 foh2 luk6
[普] huǒ hóng huǒ lǜ
(1) (idiom) burst a blood vessel

火樹銀花 （火树银花）
[粵] foh2 sue6 ngan4 fa1
[普] huǒ shù yín huā

(1) *a display of beautiful, dazzling and brightly-lit lanterns and fireworks*

世外桃源

[粵]　sai3 ngoi6 tou4 yuen4
[普]　shì wài táo yuán

(1) *a haven of peace*

付之一炬

[粵]　foo6 ji1 yat1 gui2
[普]　fù zhī yī jù

(1) *to have something destroyed by fire*

付諸東流 （付诸东流）

[粵]　foo6 jue1 dung1 lau4
[普]　fù zhū dōng liú

(1) *(of effort, money or time) going down the drain*

令人髮指 （令人发指）

[粵]　ling6 yan4 faat3 ji2
[普]　lìng rén fà zhǐ

(1) *to be extremely angry*

以身作則 （以身作则）

[粵]　yi5 san1 jok3 jak1
[普]　yǐ shēn zuò zé

(1) *to serve as a model* **(2)** *to set a good example for others*

以毒攻毒

[粵]　yi5 duk6 gung1 duk6
[普]　yǐ dú gōng dú

(1) *(idiom) fight fire with fire*

以訛傳訛 （以讹传讹）

[粵]　yi5 ngoh4 chuen4 ngoh4
[普]　yǐ é chuán é

(1) *to incorrectly relay an erroneous message*

以逸待勞 （以逸待劳）

[粵]　yi5 yat6 doi6 lou4
[普]　yǐ yì dài láo

(1) *to wait at one's ease for the exhausted enemy*

以貌取人

[粵]　yi5 maau6 chui2 yan4
[普]　yǐ mào qǔ rén

(1) *(idiom) judge a book by its cover*

充耳不聞 （充耳不闻）

[粵]　chung1 yi5 bat1 man4
[普]　chōng ěr bù wén

(1) *(idiom) fall on deaf ears ; (idiom) turn a deaf ear to ; to block one's ears and refuse to listen*

出乎意料
[粵] chut1 foo4 yi3 liu6
[普] chū hū yì liào
(1) contrary to one's expectations

出其不意
[粵] chut1 kei4 bat1 yi3
[普] chū qí bú yì
(1) to take someone by surprise

出爾反爾 （出尔反尔）
[粵] chut1 yi5 faan2 yi5
[普] chū ěr fǎn ěr
(1) (idiom) go back on one's word；to break one's promise；to renege

出頭露面 （出头露面）
[粵] chut1 tau4 lou6 min6
[普] chū tóu lù miàn
(1) to appear in public (2) to be in the limelight

包羅萬有 （包罗万有）
[粵] baau1 loh4 maan6 yau5
[普] bāo luó wàn yǒu
(1) all-embracing

包羅萬象 （包罗万象）
[粵] baau1 loh4 maan6 jeung6
[普] bāo luó wàn xiàng
(1) all-embracing；all-inclusive

半信半疑
[粵] boon3 sun3 boon3 yi4
[普] bàn xìn bàn yí
(1) (idiom) take something with a pinch of salt

半途而廢 （半途而废）
[粵] boon3 tou4 yi4 fai3
[普] bàn tú ér fèi
(1) (idiom) fall by the wayside

古今中外
[粵] goo2 gam1 jung1 ngoi6
[普] gǔ jīn zhōng wài
(1) at all times and in all places

古色古香
[粵] goo2 sik1 goo1 heung1
[普] gǔ sè gǔ xiāng
(1) to describe something that has an antique feel to it

古往今來 （古往今来）
[粵] goo2 wong5 gam1 loi4
[普] gǔ wǎng jīn lái
(1) since ancient times

另起爐竈 （另起炉灶）
[粵] ling6 hei2 lou4 jou3
[普] lìng qǐ lú zào
(1) (idiom) be back to square one；(idiom) go back to square one；start all over again；to start from scratch

另眼相看
[粵] ling6 ngaan5 seung1 hon1
[普] lìng yǎn xiāng kàn
(1) to view somebody in a new light

叫苦連天 （叫苦连天）
[粵] giu3 foo2 lin4 tin1
[普] jiào kǔ lián tiān
(1) to pour out one's endless grievances

可想而知
[粵] hoh2 seung2 yi4 ji1
[普] kě xiǎng ér zhī
(1) it is obvious that

可歌可泣
[粵] hoh2 goh1 hoh2 yap1
[普] kě gē kě qì
(1) (of something) moving in a way such that one will sing the praise of it by means of poetry and literature or even cry over it

司空見慣 （司空见惯）
[粵] si1 hung1 gin3 gwaan3
[普] sī kōng jiàn guàn
(1) common；frequent

四平八穩 （四平八稳）
[粵] sei3 ping4 baat3 wan2
[普] sì píng bā wěn
(1) (idiom) just to be on the safe side；(idiom) to be on the safe side (2) lacking a positive and innovative mindset, and doing things overcautiously (3) very organised (4) very steady

四面八方
[粵] sei3 min6 baat3 fong1
[普] sì miàn bā fāng
(1) in all directions

四面楚歌
[粵] sei3 min6 choh2 goh1
[普] sì miàn chǔ gē
(1) be besieged by enemies (2) be completely isolated and cut off from outside aid

四海為家 （四海为家）
[粤] sei3 hoi2 wai4 ga1
[普] sì hǎi wéi jiā
(1) to feel at home anywhere

四通八達 （四通八达）
[粤] sei3 tung1 baat3 daat6
[普] sì tōng bā dá
(1) extend in all directions

外柔內剛 （外柔内刚）
[粤] ngoi6 yau4 noi6 gong1
[普] wài róu nèi gāng
(1) an iron fist in a velvet glove ; an iron hand in a velvet glove

失魂落魄
[粤] sat1 wan4 lok6 paak3
[普] shī hún luò pò
(1) be driven to distraction **(2)** (idiom) scare one out of one's wits

左右為難 （左右为难）
[粤] joh2 yau6 wai4 naan4
[普] zuǒ yòu wéi nán
(1) to be caught in a dilemma

左顧右盼 （左顾右盼）
[粤] joh2 goo3 yau6 paan3
[普] zuǒ gù yòu pàn
(1) to look all around

巧奪天工 （巧夺天工）
[粤] haau2 duet6 tin1 gung1
[普] qiǎo duó tiān gōng
(1) superb craftsmanship

平心而論 （平心而论）
[粤] ping4 sam1 yi4 lun6
[普] píng xīn ér lùn
(1) to appraise objectively in a calm way

平心靜氣 （平心静气）
[粤] ping4 sam1 jing6 hei3
[普] píng xīn jìng qì
(1) calmly

平易近人
[粤] ping4 yi6 gan6 yan4
[普] píng yì jìn rén
(1) easy to get along with

未卜先知
[粤] mei6 buk1 sin1 ji1
[普] wèi bǔ xiān zhī
(1) able to foresee the future and judge the event beforehand **(2)** to have foresight

未雨綢繆（未雨绸缪）
[粵] mei6 yue5 chau4 mau4
[普] wèi yǔ chóu móu
(1) to plan ahead in order to prevent troubles before the event

本末倒置
[粵] boon2 moot6 dou2 ji3
[普] běn mò dǎo zhì
(1) (idiom) put the cart before the horse

本性難移（本性难移）
[粵] boon2 sing3 naan4 yi4
[普] běn xìng nán yí
(1) (idiom) Old habits die hard.

永垂不朽
[粵] wing5 sui4 bat1 nau2
[普] yǒng chuí bù xiǔ
(1) to be remembered forever by the posterity

瓜田李下
[粵] gwa1 tin4 lei5 ha6
[普] guā tián lǐ xià
(1) liable to lay oneself open to suspicion

甘拜下風（甘拜下风）
[粵] gam1 baai3 ha6 fung1
[普] gān bài xià fēng
(1) to admit a defeat candidly

生生不息
[粵] sang1 sang1 bat1 sik1
[普] shēng shēng bù xī
(1) grows endlessly

生搬硬套
[粵] saang1 boon1 ngaang6 tou3
[普] shēng bān yìng tào
(1) copy mechanically in disregard of specific conditions

白手起家
[粵] baak6 sau2 hei2 ga1
[普] bái shǒu qǐ jiā
(1) to start from scratch

白忙一場（白忙一场）
[粵] baak6 mong4 yat1 cheung4
[普] bái máng yī cháng
(1) (idiom) wild goose chase

白紙黑字（白纸黑字）
[粵] baak6 ji2 hak1 ji6
[普] bái zhǐ hēi zì
(1) in black and white

白髮蒼蒼 （白发苍苍）
[粵] baak6 faat3 chong1 chong1
[普] bái fà cāng cāng
(1) hoary

白頭偕老 （白头偕老）
[粵] baak6 tau4 gaai1 lou5
[普] bái tóu xié lǎo
(1) to remain a devoted couple to the end of their lives

目不暇接
[粵] muk6 bat1 ha6 jip3
[普] mù bù xiá jiē
(1) too much for the eye to take in

目不轉睛 （目不转睛）
[粵] muk6 bat1 juen2 jing1
[普] mù bù zhuǎn jīng
(1) to fix one's eyes on something

目不識丁 （目不识丁）
[粵] muk6 bat1 sik1 ding1
[普] mù bù shí dīng
(1) lack of knowledge **(2)** unable to read or write

目中無人 （目中无人）
[粵] muk6 jung1 mou4 yan4
[普] mù zhōng wú rén
(1) be condescending **(2)** condescending

丟三落四 （丟三落四）
[粵] diu1 saam1 lok6 sei3
[普] diū sān là sì
(1) This idiom is used to describe someone who fails to keep things in mind or often forgets things.

亦步亦趨 （亦步亦趋）
[粵] yik6 bou6 yik6 chui1
[普] yì bù yì qū
(1) to imitate slavishly

任勞任怨 （任劳任怨）
[粵] yam6 lou4 yam6 yuen3
[普] rèn láo rèn yuàn
(1) to bear hardship without complaint

先見之明 （先见之明）
[粵] sin1 gin3 ji1 ming4
[普] xiān jiàn zhī míng
(1) the ability to foresee the future and to have the judgment for the event beforehand **(2)** foresight

先斬後奏 （先斩后奏）
[粵] sin1 jaam2 hau6 jau3
[普] xiān zhǎn hòu zòu
(1) act first and report later

先發制人 （先发制人）
[粵] sin1 faat3 jai3 yan4
[普] xiān fā zhì rén
(1) to gain the initiative by striking first

先禮後兵 （先礼后兵）
[粵] sin1 lai5 hau6 bing1
[普] xiān lǐ hòu bīng
(1) try fair or peaceful means first before resorting to the use of force

光天化日
[粵] gwong1 tin1 fa3 yat6
[普] guāng tiān huà rì
(1) in broad daylight

光明正大
[粵] gwong1 ming4 jing3 daai6
[普] guāng míng zhèng dà
(1) (idiom) fairly and squarely

光明磊落
[粵] gwong1 ming4 lui5 lok6
[普] guāng míng lěi luò
(1) open and candid

全力以赴
[粵] chuen4 lik6 yi5 foo6
[普] quán lì yǐ fù
(1) to do something with as much effort as possible

全心全力
[粵] chuen4 sam1 chuen4 lik6
[普] quán xīn quán lì
(1) to the best of one's ability

全心全意
[粵] chuen4 sam1 chuen4 yi3
[普] quán xīn quán yì
(1) to do something wholeheartedly

全神貫注 （全神贯注）
[粵] chuen4 san4 goon3 jue3
[普] quán shén guàn zhù
(1) to concentrate one's attention completely

再接再厲 （再接再厉）
[粵] joi3 jip3 joi3 lai6
[普] zài jiē zài lì
(1) to continue to exert oneself
(2) to make repeated efforts

冰消瓦解
[粵] bing1 siu1 nga5 gaai2
[普] bīng xiāo wǎ jiě
(1) to disintegrate (2) to dissolve

危在旦夕
[粵] ngai4 joi6 daan3 jik6
[普] wēi zài dàn xī
(1) on the brink of crisis

吃苦耐勞 （吃苦耐劳）
[粵] hek3 foo2 noi6 lou6
[普] chī kǔ nài láo
(1) can put up with all kinds of hardship

各式各樣 （各式各样）
[粵] gok3 sik1 gok3 yeung6
[普] gè shì gè yàng
(1) all types and kinds

各有千秋
[粵] gok3 yau5 chin1 chau1
[普] gè yǒu qiān qiū
(1) each has its own merits

各行各業 （各行各业）
[粵] gok3 hong4 gok3 yip6
[普] gè xíng gè yè
(1) (phrase) all walks of life

各種各樣 （各种各样）
[粵] gok3 jung2 gok3 yeung6
[普] gè zhǒng gè yàng
(1) a wide variety

同仇敵愾 （同仇敌忾）
[粵] tung4 sau4 dik6 koi3
[普] tóng chóu dí kài
(1) be bound by a common hatred of an enemy

同心協力 （同心协力）
[粵] tung4 sam1 hip3 lik6
[普] tóng xīn xié lì
(1) to make concerted efforts

同甘共苦
[粵] tung1 gam1 gung6 foo2
[普] tóng gān gòng kǔ
(1) to share joys and sorrows

在所不惜
[粵] joi6 soh2 bat1 sik1
[普] zài suǒ bù xī
(1) at any cost

在所難免 （在所难免）
[粵] joi6 soh2 naan4 min5
[普] zài suǒ nán miǎn

(1) hard to avoid **(2)** unavoidable

多不勝數 （多不胜数）
［粵］ doh1 bat1 sing1 sou2
［普］ duō bú shèng shǔ
(1) too numerous to count

多此一舉 （多此一举）
［粵］ doh1 chi2 yat1 gui2
［普］ duō cǐ yī jǔ
(1) to make an unnecessary move

多愁善感
［粵］ doh1 sau4 sin6 gam2
［普］ duō chóu shàn gǎn
(1) sentimental

好高騖遠 （好高骛远）
［粵］ hou3 gou1 mou6 yuen5
［普］ hǎo gāo wù yuǎn
(1) (idiom) bite off more than one can chew

如期而至
［粵］ yue4 kei4 yi4 ji3
［普］ rú qī ér zhì
(1) Come at the appointed time.

如影隨形 （如影随形）
［粵］ yue4 ying2 chui4 ying4
［普］ rú yǐng suí xíng
(1) inseparable

如願以償 （如愿以偿）
［粵］ yue4 yuen6 yi5 seung4
［普］ rú yuàn yǐ cháng
(1) to have one's wish fulfilled

如釋重負 （如释重负）
［粵］ yue4 sik1 chung5 foo6
［普］ rú shì zhòng fù
(1) feel a sense of relief

守口如瓶
［粵］ sau2 hau2 yue4 ping4
［普］ shǒu kǒu rú píng
(1) tight-lipped

守株待兔
［粵］ sau2 jue1 doi6 tou3
［普］ shǒu zhū dài tù
(1) to wait for good things to drop into one's lap

守望相助
［粵］ sau2 mong6 seung1 joh6
［普］ shǒu wàng xiāng zhù
(1) to keep watch and defend one another

安分守己
[粵]　on1 fan6 sau2 gei2
[普]　ān fēn shǒu jǐ
(1) (idiom) know one's place

安如泰山
[粵]　on1 yue4 taai3 saan1
[普]　ān rú tài shān
(1) as solid as a rock

安如磐石
[粵]　on1 yue4 poon4 sek6
[普]　ān rú pán shí
(1) as solid as a rock

安居樂業 （安居乐业）
[粵]　on1 gui1 lok6 yip6
[普]　ān jū lè yè
(1) to live in peace and work happily

安家落戶 （安家落戶）
[粵]　on1 ga1 lok6 woo6
[普]　ān jiā luò hù
(1) to make one's home in a place

安貧樂道 （安贫乐道）
[粵]　on1 pan4 lok6 dou6
[普]　ān pín lè dào
(1) happy to live a virtuous life even if in a state of poverty

安然無恙 （安然无恙）
[粵]　on1 yin4 mou4 yeung6
[普]　ān rán wú yàng
(1) (idiom) safe and sound

忙裏偷閒 （忙里偷闲）
[粵]　mong4 lui5 tau1 haan4
[普]　máng lǐ tōu xián
(1) to find time for pleasure between work

成千上萬 （成千上万）
[粵]　sing4 chin1 seung5 maan6
[普]　chéng qiān shàng wàn
(1) numerous

成家立業 （成家立业）
[粵]　sing4 ga1 laap6 yip6
[普]　chéng jiā lì yè
(1) to get married and embark on a career

成群結隊 （成群结队）
[粵]　sing4 kwan4 git3 dui6
[普]　chéng qún jié duì
(1) to gather in crowds and groups

扣人心弦
[粵] kau3 yan4 sam1 yin4
[普] kòu rén xīn xián
(1) exciting (2) extremely moving

有目共睹
[粵] yau5 muk6 gung6 dou2
[普] yǒu mù gòng dǔ
(1) be obvious to anyone who has eyes

有名無實 （有名无实）
[粵] yau5 ming4 mou4 sat6
[普] yǒu míng wú shí
(1) to lack substance

有始有終 （有始有终）
[粵] yau5 chi2 yau5 jung1
[普] yǒu shǐ yǒu zhōng
(1) to do something completely from the beginning to the end

有條不紊 （有条不紊）
[粵] yau5 tiu4 bat1 man6
[普] yǒu tiáo bù wěn
(1) methodical；systematic

有備無患 （有备无患）
[粵] yau5 bei6 mou4 waan6
[普] yǒu bèi wú huàn
(1) Preparedness averts peril.

有朝一日
[粵] yau5 jiu1 yat1 yat6
[普] yǒu zhāo yī rì
(1) one day in the future

有機可乘 （有机可乘）
[粵] yau5 gei1 hoh2 sing4
[普] yǒu jī kě chéng
(1) to have an opportunity that one can exploit

有聲有色 （有声有色）
[粵] yau5 seng1 yau5 sik1
[普] yǒu shēng yǒu sè
(1) vivid and dramatic

死心塌地
[粵] sei2 sam1 taap3 dei6
[普] sǐ xīn tā dì
(1) to be dead set on someone or something

死氣沉沉 （死气沉沉）
[粵] sei2 hei3 cham4 cham4
[普] sǐ qì chén chén
(1) spiritless

死裏逃生 （死里逃生）

[粵] sei2 lui5 tou4 sang1
[普] sǐ lǐ táo shēng
(1) a narrow escape from death

百口莫辯 （百口莫辩）
[粵] baak3 hau2 mok6 bin6
[普] bǎi kǒu mò biàn
(1) beyond dispute

百川歸海 （百川归海）
[粵] baak3 chuen1 gwai1 hoi2
[普] bǎi chuān guī hǎi
(1) all things tend in one direction

百年樹人 （百年树人）
[粵] baak3 nin4 sue6 yan4
[普] bǎi nián shù rén
(1) fostering talent is not easy

百折不撓 （百折不挠）
[粵] baak3 jit3 bat1 naau4
[普] bǎi zhē bù náo
(1) to keep on fighting in spite of all setbacks

百花齊放 （百花齐放）
[粵] baak3 fa1 chai4 fong3
[普] bǎi huā qí fàng
(1) to have artistic freedom

百家爭鳴 （百家争鸣）
[粵] baak3 ga1 jang1 ming4
[普] bǎi jiā zhēng míng
(1) let a hundred schools of thought strive

百發百中 （百发百中）
[粵] baak3 faat3 baak3 jung1
[普] bǎi fā bǎi zhōng
(1) to shoot with unfailing accuracy

百感交集
[粵] baak3 gam2 gaau1 jaap6
[普] bǎi gǎn jiāo jí
(1) be inundated with a multitude of feelings

百裏挑一 （百里挑一）
[粵] baak3 lui5 tiu1 yat1
[普] bǎi lǐ tiāo yī
(1) (idiom) one in a hundred

米已成炊
[粵] mai5 yi5 sing4 chui1
[普] mǐ yǐ chéng chuī
(1) What is done cannot be undone.

耳目一新

[粵] yi5 muk6 yat1 san1
[普] ěr mù yī xīn
(1) refreshing

耳濡目染
[粵] yi5 yue4 muk6 yim5
[普] ěr rú mù rǎn
(1) (of a person) be unconsciously influenced by what one constantly hears and sees

自打嘴巴
[粵] ji6 da2 jui2 ba1
[普] zì dǎ zuǐ bā
(1) to contradict oneself

自由自在
[粵] ji6 yau4 ji6 joi6
[普] zì yóu zì zài
(1) leisurely and carefree

自作聰明 （自作聪明）
[粵] ji6 jok3 chung1 ming4
[普] zì zuò cōng míng
(1) to be presumptuous

自私自利
[粵] ji6 si1 ji6 lei6
[普] zì sī zì lì
(1) selfish

自言自語 （自言自语）
[粵] ji6 yin4 ji6 yue5
[普] zì yán zì yǔ
(1) to talk to oneself

自相矛盾
[粵] ji6 seung1 maau4 tun5
[普] zì xiāng máo dùn
(1) to contradict oneself

自食其力
[粵] ji6 sik6 kei4 lik6
[普] zì shí qí lì
(1) (idiom) stand on one's own feet

自食其果
[粵] ji6 sik6 kei4 gwoh2
[普] zì shí qí guǒ
(1) (idiom) dose of one's own medicine

自高自大
[粵] ji6 gou1 ji6 daai6
[普] zì gāo zì dà
(1) arrogant

自強不息 （自强不息）
[粵] ji6 keung4 bat1 sik1
[普] zì qiáng bù xī

(1) *to make continuous efforts to improve oneself*

自掘墳墓 （自掘坟墓）
［粵］ ji6 gwat6 fan4 mou6
［普］ zì jué fén mù
(1) *(idiom) dig one's own grave*

自欺欺人
［粵］ ji6 hei1 hei1 yan4
［普］ zì qī qī rén
(1) *to deceive others as well as oneself*

自給自足 （自给自足）
［粵］ ji6 kap1 ji6 juk1
［普］ zì gěi zì zú
(1) *self-sufficient*

血濃於水 （血浓于水）
［粵］ huet3 nung4 yue1 sui2
［普］ xuè nóng yú shuǐ
(1) *(idiom) Blood is thicker than water.*

衣冠楚楚
［粵］ yi1 goon1 choh2 choh2
［普］ yī guān chǔ chǔ
(1) *be immaculately dressed*

伶牙俐齒 （伶牙俐齿）
［粵］ ling4 nga4 lei6 chi2
［普］ líng yá lì chǐ
(1) *to be clear and eloquent*

伸出援手
［粵］ san1 chut1 woon4 sau2
［普］ shēn chū yuán shǒu
(1) *lend a helping hand*

似懂非懂
［粵］ chi5 dung2 fei1 dung2
［普］ sì dǒng fēi dǒng
(1) *to not fully understand*

低三下四
［粵］ dai1 saam1 ha6 sei3
［普］ dī sān xià sì
(1) *servile*

低聲下氣 （低声下气）
［粵］ dai1 seng1 ha6 hei3
［普］ dī shēng xià qì
(1) *(of a person) submissive*

兵不厭詐 （兵不厌诈）
［粵］ bing1 bat1 yim3 ja3
［普］ bīng bú yàn zhà
(1) *In war, nothing is too deceitful.*

兵荒馬亂 （兵荒马乱）

［粵］ bing1 fong1 ma5 luen6
［普］ bīng huāng mǎ luàn
(1) the chaos and turmoil of war

別有用心 （別有用心）
［粵］ bit6 yau5 yung6 sam1
［普］ bié yǒu yòng xīn
(1) to have an ulterior motive

別具一格 （別具一格）
［粵］ bit6 gui6 yat1 gaak3
［普］ bié jù yī gé
(1) to have one's own distinctive or unique style

囫圇吞棗 （囫囵吞枣）
［粵］ fat1 lun4 tan1 jou2
［普］ hú lún tūn zǎo
(1) to swallow information without paying attention to it and understanding it fully

坐以待斃 （坐以待毙）
［粵］ joh6 yi5 doi6 bai6
［普］ zuò yǐ dài bì
(1) await one's doom **(2)** resigned to one's fate

坐立不安
［粵］ joh6 laap6 bat1 on1
［普］ zuò lì bù ān
(1) to be anxious, irritated or feeling uneasy

坐享其成
［粵］ joh6 heung2 kei4 sing4
［普］ zuò xiǎng qí chéng
(1) to sit idle and enjoy the fruits of other's work

妙手回春
［粵］ miu6 sau2 wooi4 chun1
［普］ miào shǒu huí chūn
(1) (of a doctor) possessing superior medical skills that enables him or her to cure the serious illnesses of his or her patients

孜孜不倦
［粵］ ji1 ji1 bat1 guen6
［普］ zī zī bú juàn
(1) to work and study industriously

完璧歸趙 （完璧归赵）
［粵］ yuen4 bik1 gwai1 jiu6
［普］ wán bì guī zhào
(1) to return something to its rightful owner

岌岌可危
[粵] kap1 kap1 hoh2 ngai4
[普] jí jí kě wēi
(1) (idiom) hanging by a thread

形單影隻 （形单影只）
[粵] ying4 daan1 ying2 jek3
[普] xíng dān yǐng zhī
(1) be lonely and has no one to rely on

形勢逼人 （形势逼人）
[粵] ying4 sai3 bik1 yan4
[普] xíng shì bī rén
(1) The situation demands immediate action.

形跡可疑 （形迹可疑）
[粵] ying4 jik1 hoh2 yi4
[普] xíng jì kě yí
(1) The conduct of a person arouses suspicion.

形影不離 （形影不离）
[粵] ying4 ying2 bat1 lei4
[普] xíng yǐng bù lí
(1) to be very intimate and to be always together

忍俊不禁
[粵] yan2 jun3 bat1 gam3
[普] rěn jùn bù jīn
(1) cannot help laughing

忍無可忍 （忍无可忍）
[粵] yan2 mou4 hoh2 yan2
[普] rěn wú kě rěn
(1) (idiom) the final straw ; (idiom) the last straw ; (idiom) the straw that breaks the camel's back

忐忑不安
[粵] taan2 tik1 bat1 on1
[普] tǎn tè bù ān
(1) to feel anxious, troubled or uncomfortable

忘恩負義 （忘恩负义）
[粵] mong4 yan1 foo6 yi6
[普] wàng ēn fù yì
(1) (idiom) bite the hand that feeds you

我行我素
[粵] ngoh5 hang4 ngoh5 sou3
[普] wǒ xíng wǒ sù
(1) to stick to one's own way of doing things

扶搖直上 （扶摇直上）

[粵] foo4 yiu4 jik6 seung5
[普] fú yáo zhí shàng
(1) *(of fame, status, value, etc.) rising steeply*

投其所好
[粵] tau4 kei4 soh2 hou3
[普] tóu qí suǒ hào
(1) *to adapt to somebody's taste*

投機取巧 （投机取巧）
[粵] tau4 gei1 chui2 haau2
[普] tóu jī qǔ qiǎo
(1) *(phrase) wheel and deal*

杞人憂天 （杞人忧天）
[粵] gei2 yan1 yau1 tin1
[普] qǐ rén yōu tiān
(1) *to have unnecessary worries*

束手就擒
[粵] chuk1 sau2 jau6 kam4
[普] shù shǒu jiù qín
(1) *to allow oneself to be seized without putting up a fight*

束手無策 （束手无策）
[粵] chuk1 sau2 mou4 chaak3
[普] shù shǒu wú cè

(1) *be helpless in the face of a crisis*

步步為營 （步步为营）
[粵] bou6 bou6 wai4 ying4
[普] bù bù wéi yíng
(1) *to advance gradually and entrench oneself at every step*

求之不得
[粵] kau4 ji1 bat1 dak1
[普] qiú zhī bù dé
(1) *to be eager to get but cannot*

沉魚落雁 （沉鱼落雁）
[粵] cham4 yue2 lok6 ngaan6
[普] chén yú luò yàn
(1) *extremely beautiful*

沉默是金
[粵] cham4 mak6 si6 gam1
[普] chén mò shì jīn
(1) *(idiom) Silence is golden.*

良莠不齊 （良莠不齐）
[粵] leung4 yau5 bat1 chai4
[普] liáng yǒu bù qí
(1) *The good and the bad are intermingled.*

見死不救 （见死不救）
[粤] gin3 sei2 bat1 gau3
[普] jiàn sǐ bú jiù
(1) to refuse to help somebody in real trouble

見利忘義 （见利忘义）
[粤] gin3 lei6 mong4 yi6
[普] jiàn lì wàng yì
(1) to forget integrity so as to achieve gain

見怪不怪 （见怪不怪）
[粤] gin3 gwaai3 bat1 gwaai3
[普] jiàn guài bú guài
(1) to deal with or handle affairs calmly

見義勇為 （见义勇为）
[粤] gin3 yi6 yung5 wai4
[普] jiàn yì yǒng wéi
(1) (of a person) be prepared to stand up bravely for what is right and involving justice

見錢眼開 （见钱眼开）
[粤] gin3 chin4 ngaan5 hoi1
[普] jiàn qián yǎn kāi
(1) to be desirous of money

走馬看花 （走马看花）
[粤] jau2 ma5 hon3 fa1
[普] zǒu mǎ kàn huā
(1) to give a cursory glance at

足不出戶 （足不出户）
[粤] juk1 bat1 chut1 woo6
[普] zú bù chū hù
(1) to stay at home and isolate oneself behind closed doors

足智多謀 （足智多谋）
[粤] juk1 ji3 doh1 mau4
[普] zú zhì duō móu
(1) wise and resourceful

身不由己
[粤] san1 bat1 yau4 gei2
[普] shēn bù yóu jǐ
(1) to be controlled by others

身敗名裂 （身败名裂）
[粤] san1 baai6 ming4 lit6
[普] shēn bài míng liè
(1) be thoroughly discredited

身無分文 （身无分文）
[粤] guen1 mou4 fan1 man4
[普] shēn wú fēn wén
(1) penniless

身價百倍 （身价百倍）

[粵] san1 ga3 baak3 pooi5
[普] shēn jià bǎi bèi
(1) meteoric rise in social status or reputation

防不勝防 （防不胜防）
[粵] fong4 bat1 sing1 fong4
[普] fáng bú shèng fáng
(1) very hard to guard against

並駕齊驅 （并驾齐驱）
[粵] bing6 ga3 chai4 kui1
[普] bìng jià qí qū
(1) run neck and neck

事到臨頭 （事到临头）
[粵] si6 dou3 lam4 tau4
[普] shì dào lín tóu
(1) (idiom) come to a head

事過境遷 （事过境迁）
[粵] si6 gwoh3 ging2 chin1
[普] shì guò jìng qiān
(1) The affair is over, and the situation has changed.

事與願違 （事与愿违）
[粵] si6 yue5 yuen6 wai4
[普] shì yǔ yuàn wéi
(1) things turn out contrary to the wishes of someone

來龍去脈 （来龙去脉）
[粵] loi4 lung4 hui3 mak6
[普] lái lóng qù mài
(1) context **(2)** the cause and effect of a matter **(3)** the clues associated with a matter from the beginning to the end

依依不捨 （依依不舍）
[粵] yi1 yi1 bat1 se2
[普] yī yī bù shě
(1) to be reluctant to part

兩全其美 （两全其美）
[粵] leung5 chuen4 kei4 mei5
[普] liǎng quán qí měi
(1) to get the best of both worlds

兩敗俱傷 （两败俱伤）
[粵] leung5 baai6 kui1 seung1
[普] liǎng bài jù shāng
(1) Both sides will suffer when they are mutually in a struggle or a war.

兩廂情願 （两厢情愿）
[粵] leung5 seung1 ching4 yuen6
[普] liǎng xiāng qíng yuàn
(1) both parties are willing

| 其貌不揚 | （其貌不扬）
[粵] kei4 maau6 bat1 yeung4
[普] qí mào bù yáng
(1) ugly in one's appearance

| 刮目相看 |
[粵] gwaat3 muk6 seung1 hon1
[普] guā mù xiāng kàn
(1) to hold somebody in higher esteem；to treat somebody with increased respect **(2)** (idiom) see somebody in a new light

| 卑躬屈膝 |
[粵] bei1 gung1 wat1 sat1
[普] bēi gōng qū xī
(1) (phrase) Bend the knee.

| 咎由自取 |
[粵] gau3 yau4 ji6 chui2
[普] jiù yóu zì qǔ
(1) to only have oneself to blame

| 夜長夢多 | （夜长梦多）
[粵] ye6 cheung4 mung6 doh1
[普] yè cháng mèng duō
(1) a long delay means many hitches

| 夜深人靜 | （夜深人静）
[粵] ye6 sam1 yan4 jing6
[普] yè shēn rén jìng
(1) in the quiet of night

| 奄奄一息 |
[粵] yim2 yim2 yat1 sik1
[普] yǎn yǎn yī xī
(1) at one's last gasp **(2)** dying

| 奇形怪狀 | （奇形怪状）
[粵] kei4 ying4 gwaai3 jong6
[普] qí xíng guài zhuàng
(1) odd shaped

| 奇貨可居 | （奇货可居）
[粵] kei4 foh3 hoh2 gui1
[普] qí huò kě jū
(1) These precious and odd goods are collected and stored away until these goods become more and more valuable to allow them to sell at a high price on the market.

| 始料不及 |
[粵] chi2 liu6 bat1 kap6
[普] shǐ liào bù jí
(1) unexpected

| 孟母三遷 | （孟母三迁）

[粤] maang6 mou5 saam1 chin1
[普] mèng mǔ sān qiān
(1) A wise mother works to find a healthy educational environment for her children.

孤注一擲 （孤注一掷）
[粤] goo1 jue3 yat1 jaak6
[普] gū zhù yī zhì
(1) (idiom) go for broke

孤苦伶仃
[粤] goo1 foo2 ling4 ding1
[普] gū kǔ líng dīng
(1) (of a person) helpless, left alone and poverty-stricken

居心叵測 （居心叵测）
[粤] gui1 sam1 poh2 chak1
[普] jū xīn pǒ cè
(1) harbouring unfathomable motives

居安思危
[粤] gui1 on1 si1 ngai4
[普] jū ān sī wēi
(1) to think of danger in times of safety

居高臨下 （居高临下）
[粤] gui1 gou1 lam4 ha6
[普] jū gāo lín xià
(1) to occupy a commanding position

屈尊俯就
[粤] wat1 juen1 foo2 jau6
[普] qū zūn fǔ jiù
(1) condescending **(2)** patronising

幸災樂禍 （幸灾乐祸）
[粤] hang6 joi1 lok6 woh6
[普] xìng zāi lè huò
(1) to rejoice in other people's misfortune

忠心耿耿
[粤] jung1 sam1 gang2 gang2
[普] zhōng xīn gěng gěng
(1) to be faithful and loyal

念念不忘
[粤] nim6 nim6 bat1 mong4
[普] niàn niàn bú wàng
(1) to bear in mind constantly

忽冷忽熱 （忽冷忽热）
[粤] fat1 laang5 fat1 yit6
[普] hū lěng hū rè
(1) (idiom) blow hot and cold

所向披靡
[粵] soh2 heung3 pei1 mei5
[普] suǒ xiàng pī mí
(1) invincible

拋磚引玉 （抛砖引玉）
[粵] paau1 juen1 yan5 yuk6
[普] pāo zhuān yǐn yù
(1) just tossing an idea out there

拋頭露面 （抛头露面）
[粵] paau1 tau4 lou6 min6
[普] pāo tóu lù miàn
(1) to show one's face in public

拔地而起
[粵] bat6 dei6 yi4 hei2
[普] bá dì ér qǐ
(1) to rise abruptly from the ground

拖泥帶水 （拖泥带水）
[粵] toh1 nai4 daai3 sui2
[普] tuō ní dài shuǐ
(1) not completing the assigned task in a timely fashion

於事無補 （于事无补）
[粵] yue1 si6 mou4 bou2
[普] yú shì wú bǔ
(1) (idiom) cry over spilled milk

易如反掌
[粵] yi6 yue4 faan2 jeung2
[普] yì rú fǎn zhǎng
(1) (idiom) a piece of cake

杯弓蛇影
[粵] booi1 gung1 se4 ying2
[普] bēi gōng shé yǐng
(1) to suffer from imaginary fears

杯水車薪 （杯水车薪）
[粵] booi1 sui2 gui1 san1
[普] bēi shuǐ chē xīn
(1) (idiom) a drop in the ocean

杯盤狼藉 （杯盘狼藉）
[粵] booi1 poon4 long4 jik6
[普] bēi pán láng jí
(1) the wine cups and dishes are lying about in disorder after a feast

東山再起 （东山再起）
[粵] dung1 saan1 joi3 hei2
[普] dōng shān zài qǐ
(1) to stage a comeback

東張西望 （东张西望）
[粵] dung1 jeung1 sai1 mong6
[普] dōng zhāng xī wàng
(1) to glance in all directions

波濤洶湧 （波涛汹涌）
[粵] boh1 tou4 hung1 yung2
[普] bō tāo xiōng yǒng
(1) turbulent waves

泣不成聲 （泣不成声）
[粵] yap1 bat1 sing4 sing1
[普] qì bù chéng shēng
(1) very sad

物以類聚 （物以类聚）
[粵] mat6 yi5 lui6 jui6
[普] wù yǐ lèi jù
(1) (idiom) birds of a feather flock together

物競天擇 （物竞天择）
[粵] mat6 ging3 tin1 jaak6
[普] wù jìng tiān zé
(1) natural selection

狐假虎威
[粵] woo4 ga2 foo2 wai1
[普] hú jiǎ hǔ wēi
(1) to use powerful connections to intimidate people

直言不諱 （直言不讳）
[粵] jik6 yin4 bat1 wai5
[普] zhí yán bú huì
(1) to speak out one's views frankly

知行合一
[粵] ji1 hang4 hap6 yat1
[普] zhī xíng hé yī
(1) the union of practice and knowledge

知足常樂 （知足常乐）
[粵] ji1 juk1 seung4 lok6
[普] zhī zú cháng lè
(1) (proverb) A contented mind is a perpetual feast.

知法犯法
[粵] ji1 faat3 faan6 faat3
[普] zhī fǎ fàn fǎ
(1) to break the law knowingly

知難而退 （知难而退）
[粵] ji1 naan4 yi4 tui3
[普] zhī nán ér tuì
(1) to get out of an awkward situation

| 空中樓閣 | （空中楼阁）
[粵] hung1 jung1 lau4 gok3
[普] kōng zhōng lóu gé
(1) (idiom) castles in the air

| 空前絕後 | （空前绝后）
[粵] hung1 chin4 juet6 hau6
[普] kōng qián jué hòu
(1) unmatched

| 糾纏不清 | （纠缠不清）
[粵] dau2 jin6 bat1 ching1
[普] jiū chán bù qīng
(1) to be entangled with

| 表裏如一 | （表里如一）
[粵] biu2 lui5 yue4 yat1
[普] biǎo lǐ rú yī
(1) to think and act in one and the same way

| 返老還童 | （返老还童）
[粵] faan2 lou5 waan4 tung4
[普] fǎn lǎo huán tóng
(1) to have one's youthful vigour revived

| 雨後春筍 | （雨后春笋）
[粵] yue5 hau6 chun1 sun2
[普] yǔ hòu chūn sǔn
(1) many new things emerge in rapid succession

| 雨過天晴 | （雨过天晴）
[粵] yue5 gwoh3 tin1 ching4
[普] yǔ guò tiān qíng
(1) new hopes after a disastrous period **(2)** the sky clears up after the rain

| 非比尋常 | （非比寻常）
[粵] fei1 bei2 cham4 seung4
[普] fēi bǐ xún cháng
(1) unusual

| 非同一般 |
[粵] fei1 tung4 yat1 boon1
[普] fēi tóng yī bān
(1) exceptional **(2)** special

| 非同小可 |
[粵] fei1 tung4 siu2 hoh2
[普] fēi tóng xiǎo kě
(1) is no trivial matter

| 亭亭玉立 |
[粵] ting4 ting4 yuk6 laap6
[普] tíng tíng yù lì
(1) (of a woman) elegant and slender

保持中立
[粵] bou2 chi4 jung1 laap6
[普] bǎo chí zhōng lì
(1) *(idiom) steer a middle course*

前所未有
[粵] chin4 soh2 mei6 yau5
[普] qián suǒ wèi yǒu
(1) *unprecedented*

勃然大怒
[粵] boot6 yin4 daai6 nou6
[普] bó rán dà nù
(1) *burst into anger*

勇往直前
[粵] yung5 wong5 jik6 chin4
[普] yǒng wǎng zhí qián
(1) *to advance bravely ; to march forward courageously*

厚此薄彼
[粵] hau5 chi2 bok6 bei2
[普] hòu cǐ bó bǐ
(1) *to favour one and discriminate against the other*

厚德載物 （厚德载物）
[粵] hau5 dak1 joi3 mat6
[普] hòu dé zài wù
(1) *with great virtue one can take charge of the world*

咬文嚼字
[粵] ngaau5 man4 jeuk3 ji6
[普] yǎo wén jiáo zì
(1) *to pay excessive attention to wording ; be over fastidious in wording*

咬牙切齒 （咬牙切齿）
[粵] ngaau5 nga4 chit3 chi2
[普] yǎo yá qiē chǐ
(1) *be very resentful*

品學兼優 （品学兼优）
[粵] ban2 hok6 gim1 yau1
[普] pǐn xué jiān yōu
(1) *excellent in both conduct and academic performance*

垂垂老矣
[粵] sui4 sui4 lou5 yi5
[普] chuí chuí lǎo yǐ
(1) *getting old*

垂涎三尺
[粵] sui4 yin4 saam1 chek3
[普] chuí xián sān chǐ
(1) *to be eager to get something*

垂涎欲滴
[粵] sui4 yin4 yuk6 dik6
[普] chuí xián yù dī
(1) extremely greedy or voracious

思前想後 （思前想后）
[粵] si1 chin4 seung2 hau6
[普] sī qián xiǎng hòu
(1) to think over again and again

拭目以待
[粵] sik1 muk6 yi5 doi6
[普] shì mù yǐ dài
(1) (phrase) wait and see

拾金不昧
[粵] sap6 gam1 bat1 mooi6
[普] shí jīn bú mèi
(1) not to be greedy of other's lost property

按兵不動 （按兵不动）
[粵] on3 bing1 bat1 dung6
[普] àn bīng bú dòng
(1) to hold something in abeyance

按部就班
[粵] on3 bou6 jau6 baan1
[普] àn bù jiù bān
(1) to stick to the rules

按圖索驥 （按图索骥）
[粵] on3 tou4 saak3 kei3
[普] àn tú suǒ jì
(1) be rigid in one's approach

挖空心思
[粵] waat3 hung1 sam1 si1
[普] wā kōng xīn sī
(1) (idiom) rack one's brain

既往不咎
[粵] gei3 wong5 bat1 gau3
[普] jì wǎng bù jiū
(1) Let bygones be bygones.

津津有味
[粵] jun1 jun1 yau5 mei6
[普] jīn jīn yǒu wèi
(1) to do something with gusto

流芳百世
[粵] lau4 fong1 baak3 sai3
[普] liú fāng bǎi shì
(1) a good reputation lasts a hundred generations

流連忘返 （流连忘返）

[粵] lau4 lin4 mong4 faan2
[普] liú lián wàng fǎn
(1) to enjoy oneself so much as to forget to go home

相映成趣
[粵] seung1 ying2 sing4 chui3
[普] xiāng yìng chéng qù
(1) to contrast finely with each other

相提並論（相提并论）
[粵] seung1 tai4 bing6 lun6
[普] xiāng tí bìng lùn
(1) to discuss two disparate things together

相濡以沫
[粵] seung1 yue4 yi5 moot6
[普] xiāng rú yǐ mò
(1) to help each other out despite both being in humble circumstances

省吃儉用（省吃俭用）
[粵] saang2 hek3 gim6 yung6
[普] shěng chī jiǎn yòng
(1) to scrimp and save

眉飛色舞（眉飞色舞）
[粵] mei4 fei1 sik1 mou5
[普] méi fēi sè wǔ
(1) to feel very happy and proud about something that one has done

突如其來（突如其来）
[粵] dat6 yue4 kei4 loi4
[普] tū rú qí lái
(1) to arise abruptly

突飛猛進（突飞猛进）
[粵] dat6 fei1 maang5 jun3
[普] tū fēi měng jìn
(1) to advance by leaps and bounds

約法三章（约法三章）
[粵] yeuk3 faat3 saam1 jeung1
[普] yuē fǎ sān zhāng
(1) to first establish consensus on some points

紅顏薄命（红颜薄命）
[粵] hung4 ngaan4 bok6 ming6
[普] hóng yán bó mìng
(1) Beautiful women suffer unhappy fates.

背水一戰（背水一战）
[粵] booi3 sui2 yat1 jin3

[普] bèi shuǐ yī zhàn
(1) *(idiom) have one's back against the wall*

背道而馳 （背道而驰）
[粵] booi3 dou6 yi4 chi4
[普] bèi dào ér chí
(1) *(idiom) to run counter to*

胡作非為 （胡作非为）
[粵] woo4 jok3 fei1 wai4
[普] hú zuò fēi wéi
(1) *to engage in illegal activities*

胡說八道 （胡说八道）
[粵] woo4 suet3 baat3 dou6
[普] hú shuō bā dào
(1) *to talk nonsense*

若隱若現 （若隐若现）
[粵] yeuk6 yan2 yeuk6 yin6
[普] ruò yǐn ruò xiàn
(1) *faintly discernible*

苦口苦面
[粵] foo2 hau2 foo2 min6
[普] kǔ kǒu kǔ miàn
(1) *to look miserable*

苦口婆心
[粵] foo2 hau2 poh4 sam1
[普] kǔ kǒu pó xīn
(1) *to advise with patience and sincerity*

苦不堪言
[粵] foo2 bat1 ham1 yin4
[普] kǔ bù kān yán
(1) *indescribably miserable*

迫不及待
[粵] bik1 bat1 kap6 doi6
[普] pò bù jí dài
(1) *could not wait*

迫不得已
[粵] bik1 bat1 dak1 yi5
[普] pò bù dé yǐ
(1) *compelled by the circumstance*

迫在眉睫
[粵] bik1 joi6 mei4 jit6
[普] pò zài méi jié
(1) *be imminent*

重溫舊夢 （重温旧梦）
[粵] chung4 wan1 gau6 mung6
[普] zhòng wēn jiù mèng
(1) *to relive old dreams or past experiences*

面不改色
[粵] min6 bat1 goi2 sik1
[普] miàn bù gǎi sè
(1) to remain calm in face of hardship or in times of danger

面不改容
[粵] min6 bat1 goi2 yung4
[普] miàn bù gǎi róng
(1) to remain calm in face of hardship or in times of danger

風吹草動 （风吹草动）
[粵] fung1 chui1 chou2 dung6
[普] fēng chuī cǎo dòng
(1) a sign of disturbance or trouble

風雨無阻 （风雨无阻）
[粵] fung1 yue5 mou4 joh2
[普] fēng yǔ wú zǔ
(1) (phrase) rain or shine

風雨飄搖 （风雨飘摇）
[粵] fung1 yue5 piu1 yiu4
[普] fēng yǔ piāo yáo
(1) swaying in the midst of a raging storm

風調雨順 （风调雨顺）
[粵] fung1 tiu4 yue5 sun6
[普] fēng diào yǔ shùn
(1) favourable conditions **(2)** good weather for crops

風靡一時 （风靡一时）
[粵] fung1 mei5 yat1 si4
[普] fēng mí yī shí
(1) become fashionable for a time ; to be fashionable for a while

飛揚跋扈 （飞扬跋扈）
[粵] fei1 yeung4 bat6 woo6
[普] fēi yáng bá hù
(1) be arrogant and domineering **(2)** be condescending **(3)** be filled with arrogance

飛黃騰達 （飞黄腾达）
[粵] fei1 wong4 tang4 daat6
[普] fēi huáng téng dá
(1) to make rapid advances in one's career

首屈一指
[粵] sau2 wat1 yat1 ji2
[普] shǒu qū yī zhǐ
(1) (phrase) second to none

乘風破浪 （乘风破浪）
[粵] sing4 fung1 poh3 long6
[普] chéng fēng pò làng
(1) to have great ambitions

原形畢露 （原形毕露）
[粵] yuen4 ying4 bat1 lou6
[普] yuán xíng bì lù
(1) (idiom) show somebody in their true colours

害群之馬 （害群之马）
[粵] hoi6 kwan4 ji1 ma5
[普] hài qún zhī mǎ
(1) (idiom) Rotten apple spoils the barrel.

家常便飯 （家常便饭）
[粵] ga1 seung4 bin6 faan6
[普] jiā cháng biàn fàn
(1) have a common occurrence

弱不禁風 （弱不禁风）
[粵] yeuk6 bat1 gam3 fung1
[普] ruò bù jīn fēng
(1) weak and delicate

徒勞無功 （徒劳无功）
[粵] tou4 lou4 mou4 gung1
[普] tú láo wú gōng
(1) to do something in vain

挺身而出
[粵] ting5 san1 yi4 chut1
[普] tǐng shēn ér chū
(1) to step forward bravely

捕風捉影 （捕风捉影）
[粵] bou6 fung1 juk1 ying2
[普] bǔ fēng zhuō yǐng
(1) to make groundless accusations

栩栩如生
[粵] hui2 hui2 yue4 sang1
[普] xǔ xǔ rú shēng
(1) vivid

格格不入
[粵] gaak3 gaak3 bat1 yap6
[普] gé gé bú rù
(1) be hard to get along with others well

氣象萬千 （气象万千）
[粵] hei3 jeung6 maan6 chin1
[普] qì xiàng wàn qiān
(1) be majestic in all its variety

海市蜃樓 （海市蜃楼）
[粵] hoi2 si5 san6 lau4

[普] hǎi shì shèn lóu
(1) mirage

海底撈月 （海底捞月）
[粤] hoi2 dai2 laau4 yuet6
[普] hǎi dǐ lāo yuè
(1) strive for the impossible

狼子野心
[粤] long4 ji2 ye5 sam1
[普] láng zǐ yě xīn
(1) wild ambition

狼心狗肺
[粤] long4 sam1 gau2 fai3
[普] láng xīn gǒu fèi
(1) cruel and unscrupulous

狼吞虎嚥 （狼吞虎咽）
[粤] long4 tan1 foo2 yin3
[普] láng tūn hǔ yàn
(1) *(phrasal verb)* wolf down ; to gobble something up

班門弄斧 （班门弄斧）
[粤] baan1 moon4 lung6 foo2
[普] bān mén nòng fǔ
(1) to offer advice to someone who has more experience than oneself

破釜沉舟
[粤] poh3 foo2 cham4 jau1
[普] pò fǔ chén zhōu
(1) *(idiom)* Burn your bridges behind you.

笑裏藏刀 （笑里藏刀）
[粤] siu3 lui5 chong4 dou1
[普] xiào lǐ cáng dāo
(1) It is someone who appears to be gentle and kind, and who has a sinister mind.

胸有成竹
[粤] hung1 yau5 sing4 juk1
[普] xiōng yǒu chéng zhú
(1) to have a ready plan in mind **(2)** to have a well thought out plan

討價還價 （讨价还价）
[粤] tou2 ga3 waan4 ga3
[普] tǎo jià huán jià
(1) to haggle over price

逃之夭夭
[粤] tou4 ji1 yiu1 yiu1
[普] táo zhī yāo yāo
(1) *(phrase)* make a getaway *(to escape after committing a crime)*

除暴安良
[粵] chui4 bou6 on1 leung4
[普] chú bào ān liáng
(1) to suppress the evil and support the good

馬不停蹄 （马不停蹄）
[粵] ma5 bat1 ting4 tai4
[普] mǎ bù tíng tí
(1) endlessly busy

馬到成功 （马到成功）
[粵] ma5 dou3 sing4 gung1
[普] mǎ dào chéng gōng
(1) to obtain instant success

高不可攀
[粵] gou1 bat1 hoh2 paan1
[普] gāo bù kě pān
(1) to be high above the masses and hard to get to

停滯不前 （停滞不前）
[粵] ting4 jai6 bat1 chin4
[普] tíng zhì bù qián
(1) be at a standstill ; remained stagnant **(2)** (of a thing) can no longer develop and go forward because of hindrance

動人心弦 （动人心弦）
[粵] dung6 yan4 sam1 yin4
[普] dòng rén xīn xián
(1) to be deeply moving

動輒得咎 （动辄得咎）
[粵] dung6 jip3 dak1 gau3
[普] dòng zhé dé jiù
(1) be usually blamed for whatever one does

動盪不安 （动荡不安）
[粵] dung6 dong6 bat1 on1
[普] dòng dàng bù ān
(1) in turmoil

參差不齊 （参差不齐）
[粵] chaam1 chi1 bat1 chai4
[普] cān chà bù qí
(1) not uniform

唯唯諾諾 （唯唯诺诺）
[粵] wai2 wai2 nok6 nok6
[普] wéi wéi nuò nuò
(1) to be a yes-man

執迷不悟 （执迷不悟）
[粵] jap1 mai4 bat1 ng6
[普] zhí mí bú wù
(1) to obstinately persist in

going about things the wrong way

堅忍不拔 （坚忍不拔）
[粵] gin1 yan2 bat1 bat6
[普] jiān rěn bù bá
(1) firm and unyielding

堅定不移 （坚定不移）
[粵] gin1 ding6 bat1 yi4
[普] jiān dìng bù yí
(1) firm and unshakable

堅持不懈 （坚持不懈）
[粵] gin1 dak6 bat1 haai6
[普] jiān chí bú xiè
(1) to keep going until the end

堆積如山 （堆积如山）
[粵] dui1 jik1 yue4 saan1
[普] duī jī rú shān
(1) a large number of something

婀娜多姿
[粵] oh1 noh5 doh1 ji1
[普] ē nuó duō zī
(1) very charming and pretty

婉言謝絕 （婉言谢绝）
[粵] yuen2 yin4 je6 juet3
[普] wǎn yán xiè jué
(1) to refuse politely

彬彬有禮 （彬彬有礼）
[粵] ban1 ban1 yau5 lai5
[普] bīn bīn yǒu lǐ
(1) refined and courteous

得不償失 （得不偿失）
[粵] dak1 bat1 seung4 sat1
[普] dé bù cháng shī
(1) The loss outweighs the gain.

從容不迫 （从容不迫）
[粵] chung4 yung4 bat1 bik1
[普] cóng róng bú pò
(1) to remain calm and have self-controlled

從零開始 （从零开始）
[粵] chung4 ling4 hoi1 chi2
[普] cóng líng kāi shǐ
(1) (idiom) Start from scratch.

患得患失
[粵] waan6 dak1 waan6 sat1
[普] huàn dé huàn shī
(1) to worry about personal gains and losses

患難與共 （患难与共）

[粵] waan6 naan6 yue5 gung6
[普] huàn nán yǔ gòng
(1) *(phrase) through thick and thin*

情不自禁
[粵] ching4 bat1 ji6 gam3
[普] qíng bú zì jīn
(1) *cannot help doing something*

惟妙惟肖
[粵] wai4 miu6 wai4 chiu3
[普] wéi miào wéi xiào
(1) *a lifelike imitation or description of something*

捫心自問 （扪心自问）
[粵] moon4 sam1 ji6 man6
[普] mén xīn zì wèn
(1) *examine or search one's own conscience*

接二連三 （接二连三）
[粵] jip3 yi6 lin4 saam1
[普] jiē èr lián sān
(1) *one after another*

措手不及
[粵] chou3 sau2 bat1 kap6
[普] cuò shǒu bù jí
(1) *(idiom) catch someone by surprise*

救死扶傷 （救死扶伤）
[粵] gau3 sei2 foo4 seung1
[普] jiù sǐ fú shāng
(1) *heal the wounded and rescue the dying*

救苦救難 （救苦救难）
[粵] gau3 foo2 gau3 naan6
[普] jiù kǔ jiù nán
(1) *help the needy and relieve the distressed*

毫無作用 （毫无作用）
[粵] hou4 mou4 jok3 yung6
[普] háo wú zuò yòng
(1) *(idiom) like water off a duck's back*

淋漓盡致 （淋漓尽致）
[粵] lam4 lei4 jun6 ji3
[普] lín lí jìn zhì
(1) *vividly and incisively*

深入淺出 （深入浅出）
[粵] sam1 yap6 chin2 chut1
[普] shēn rù qiǎn chū
(1) *to explain difficult concepts or principles in simple and*

easy-to-understand language

深情厚誼 （深情厚谊）
[粵] sam1 ching4 hau5 yi4
[普] shēn qíng hòu yì
(1) deep friendship

混淆視聽 （混淆视听）
[粵] wan6 ngaau4 si6 ting3
[普] hùn xiáo shì tīng
(1) to mislead the public

理所當然 （理所当然）
[粵] lei5 soh2 dong1 yin4
[普] lǐ suǒ dāng rán
(1) proper and to be expected as a matter of course

理直氣壯 （理直气壮）
[粵] lei5 jik6 hei3 jong3
[普] lǐ zhí qì zhuàng
(1) being bold and confident with justice on one's side

畢恭畢敬 （毕恭毕敬）
[粵] bat1 gung1 bat1 ging3
[普] bì gōng bì jìng
(1) to be extremely deferential

眾口難調 （众口难调）
[粵] jung3 hau2 naan4 tiu4
[普] zhòng kǒu nán tiáo
(1) you can't please everyone

笨手笨腳 （笨手笨脚）
[粵] ban6 sau2 ban6 geuk3
[普] bèn shǒu bèn jiǎo
(1) (idiom) all thumbs

笨鳥先飛 （笨鸟先飞）
[粵] ban6 woo1 sin1 fei1
[普] bèn niǎo xiān fēi
(1) to work hard to compensate for one's limited abilities

粗心大意
[粵] chou1 sam1 daai6 yi3
[普] cū xīn dà yì
(1) to do things carelessly

脫穎而出 （脱颖而出）
[粵] tuet3 wing6 yi4 chut1
[普] tuō yǐng ér chū
(1) to rise above others

莞爾一笑 （莞尔一笑）
[粵] woon5 yi5 yat1 siu3
[普] guān ěr yī xiào
(1) to give a soft smile

處變不驚 （处变不惊）
[粵] chue2 bin3 bat1 ging1

[普] chǔ biàn bù jīng
(1) to keep calm in the face of adversity or at moments of change

袖手旁觀 （袖手旁观）
[粵] jau6 sau2 pong4 goon1
[普] xiù shǒu páng guān
(1) *(phrasal verb)* stand by *(not doing anything to help someone or to prevent something from happening)*

貪得無厭 （贪得无厌）
[粵] taam1 dak1 mou4 yim3
[普] tān dé wú yàn
(1) be greedy and never satisfied

貪贓枉法 （贪赃枉法）
[粵] taam1 jong1 wong2 faat3
[普] tān zāng wǎng fǎ
(1) to take bribes and bend the law

通情達理 （通情达理）
[粵] tung1 ching4 daat6 lei5
[普] tōng qíng dá lǐ
(1) amenable to reason ; reasonable **(2)** sensible

雪上加霜
[粵] suet3 seung6 ga1 seung1
[普] xuě shàng jiā shuāng
(1) to make things worse in a bad situation

頂天立地 （顶天立地）
[粵] ding2 tin1 laap6 dei6
[普] dǐng tiān lì dì
(1) *(of a person)* high-minded and upright

博古通今
[粵] bok3 goo2 tung1 gam1
[普] bó gǔ tōng jīn
(1) has a broad knowledge of the past and present

善罷甘休 （善罢甘休）
[粵] sin6 ba6 gam1 yau1
[普] shàn bà gān xiū
(1) to leave the matter at that

喜出望外
[粵] hei2 chut1 mong6 ngoi6
[普] xǐ chū wàng wài
(1) be overjoyed at unexpected good news

單刀直入 （单刀直入）
[粵] daan1 dou1 jik6 yap6
[普] dān dāo zhí rù

(1) *(idiom) to get straight to the point*

單槍匹馬 （单枪匹马）
[粵] daan1 cheung1 pat1 ma5
[普] dān qiāng pǐ mǎ
(1) *to do something alone without the help or support of others*

循序漸進 （循序渐进）
[粵] chun4 jui6 jim6 jun3
[普] xún xù jiàn jìn
(1) *to make progress step-by-step*

悲喜交集
[粵] bei1 hei2 gaau1 jaap6
[普] bēi xǐ jiāo jí
(1) *to alternate between joy and grief*

悲歡離合 （悲欢离合）
[粵] bei1 foon1 lei4 hap6
[普] bēi huān lí hé
(1) *the vicissitudes of life*

悶到抽筋 （闷到抽筋）
[粵] moon6 dou3 chau1 gan1
[普] mèn dào chōu jīn
(1) *(idiom) bored stiff ; (idiom) bored to death ; (idiom) bored to tears*

惴惴不安
[粵] jui3 jui3 bat1 on1
[普] zhuì zhuì bù ān
(1) *to be anxious and frightened*

提心吊膽 （提心吊胆）
[粵] tai4 sam1 diu3 daam2
[普] tí xīn diào dǎn
(1) *be anxious, worried and afraid, and unable to calm down*

朝三暮四
[粵] jiu1 saam1 mou6 sei3
[普] zhāo sān mù sì
(1) *to chop and change*

渾然一體 （浑然一体）
[粵] wan6 yin4 yat1 tai2
[普] hún rán yī tǐ
(1) *to blend into one another*

無孔不入 （无孔不入）
[粵] mou4 hung2 bat1 yap6
[普] wú kǒng bú rù
(1) *to penetrate everywhere*

無可奈何 （无可奈何）
[粤] mou4 hoh2 noi6 hoh4
[普] wú kě nài hé
(1) to have no way out

無可厚非 （无可厚非）
[粤] mou4 hoh2 hau5 fei1
[普] wú kě hòu fēi
(1) to give no cause for much criticism

無往不利 （无往不利）
[粤] mou4 wong5 bat1 lei6
[普] wú wǎng bú lì
(1) to be successful in every endeavour

無所不談 （无所不谈）
[粤] mou4 soh2 bat1 taam4
[普] wú suǒ bù tán
(1) to talk about everything under the sun

無堅不摧 （无坚不摧）
[粤] mou4 gin1 bat1 chui1
[普] wú jiān bù cuī
(1) to conquer every obstacle

無理取鬧 （无理取闹）
[粤] mou4 lei5 chui2 naau6
[普] wú lǐ qǔ nào
(1) to make trouble out of nothing

無惡不作 （无恶不作）
[粤] mou4 ok3 bat1 jok3
[普] wú è bú zuò
(1) to commit all kinds of crime

無論如何 （无论如何）
[粤] mou4 lun6 yue4 hoh4
[普] wú lùn rú hé
(1) in any case

猶豫不決 （犹豫不决）
[粤] yau4 yue6 bat1 kuet3
[普] yóu yù bù jué
(1) the inability to make a decision quickly

琳琅滿目 （琳琅满目）
[粤] lam4 long4 moon5 muk6
[普] lín láng mǎn mù
(1) *(idiom)* a feast for the eyes

畫蛇添足 （画蛇添足）
[粤] waak6 se4 tim1 juk1
[普] huà shé tiān zú
(1) *(idiom)* paint the lily

痛心疾首

[粵] tung3 sam1 jat6 sau2
[普] tòng xīn jí shǒu
(1) to hate deeply

痛失良機 （痛失良机）
[粵] tung3 sat1 leung4 gei1
[普] tòng shī liáng jī
(1) to fail to make use of an opportunity

發憤圖強 （发愤图强）
[粵] faat3 fan5 tou4 keung4
[普] fā fèn tú qiáng
(1) to make a determined effort to do well

程門立雪 （程门立雪）
[粵] ching4 moon4 laap6 suet3
[普] chéng mén lì xuě
(1) to honour the master and respect his teachings

童年無忌 （童年无忌）
[粵] tung4 nin4 mou4 gei6
[普] tóng nián wú jì
(1) Children say what they like.

筋疲力盡 （筋疲力尽）
[粵] gan1 pei4 lik6 jun6
[普] jīn pí lì jìn
(1) to feel exhausted

絕無僅有 （绝无仅有）
[粵] juet6 mou4 gan2 yau5
[普] jué wú jǐn yǒu
(1) unique of its kind

絞盡腦汁 （绞尽脑汁）
[粵] gaau2 jun6 nou5 jap1
[普] jiǎo jìn nǎo zhī
(1) (idiom) rack one's brain

絡繹不絕 （络绎不绝）
[粵] lok6 yik6 bat1 juet6
[普] luò yì bù jué
(1) continuously

絲絲入扣 （丝丝入扣）
[粵] si1 si1 yap6 kau3
[普] sī sī rù kòu
(1) It is used to describe a piece of writing or a performance that is done with meticulous care and flawless artistry.

虛有其表 （虚有其表）
[粵] hui1 yau5 kei4 biu2
[普] xū yǒu qí biǎo
(1) to appear better than it is
(2) to look impressive but lack real worth

虛懷若谷 （虚怀若谷）

[粵] hui1 waai4 yeuk6 guk1
[普] xū huái ruò gǔ
(1) to be modest and open-minded

視而不見 （视而不见）
[粵] si6 yi4 bat1 gin3
[普] shì ér bú jiàn
(1) (idiom) turn a blind eye to

費盡心思 （费尽心思）
[粵] fai3 jun6 sam1 si1
[普] fèi jìn xīn sī
(1) to exhaust all mental efforts

趁熱打鐵 （趁热打铁）
[粵] chan3 suk6 da2 tit3
[普] chèn rè dǎ tiě
(1) (phrase) Strike while the iron is hot.

進退失據 （进退失据）
[粵] jun3 tui3 sat1 gui3
[普] jìn tuì shī jù
(1) be equally difficult to go on or retreat

進退兩難 （进退两难）
[粵] jun3 tui3 leung5 naan4
[普] jìn tuì liǎng nán
(1) (idiom) in a cleft stick

進退維谷 （进退维谷）
[粵] jun3 tui3 wai4 guk1
[普] jìn tuì wéi gǔ
(1) (idiom) on the horns of a dilemma

開卷有益 （开卷有益）
[粵] hoi1 guen2 yau5 yik1
[普] kāi juàn yǒu yì
(1) Reading broadens the mind.

開門見山 （开门见山）
[粵] hoi1 moon4 gin3 saan1
[普] kāi mén jiàn shān
(1) to get to the point without wasting time

陽光明媚 （阳光明媚）
[粵] yeung4 gwong1 ming4 mei6
[普] yáng guāng míng mèi
(1) nice and bright

雄心壯志 （雄心壮志）
[粵] hung4 sam1 jong3 ji3
[普] xióng xīn zhuàng zhì
(1) to have great and lofty aspirations

雄心勃勃

[粤] hung4 sam1 boot6 boot6
[普] xióng xīn bó bó
(1) to have lofty aspirations and high ideals

雄心萬丈 （雄心万丈）
[粤] hung4 sam1 maan6 jeung6
[普] xióng xīn wàn zhàng
(1) to have lofty aspirations and high ideals

集思廣益 （集思广益）
[粤] jaap6 si1 gwong2 yik1
[普] jí sī guǎng yì
(1) (idiom) put their heads together

順其自然 （顺其自然）
[粤] sun6 kei4 ji6 yin4
[普] shùn qí zì rán
(1) to allow something to happen naturally

債台高築 （债台高筑）
[粤] jaai3 toi4 gou1 juk1
[普] zhài tái gāo zhù
(1) be heavily in debt

微不足道
[粤] mei4 bat1 juk1 dou6
[普] wēi bù zú dào
(1) insignificant；negligible

想方設法 （想方设法）
[粤] seung2 fong1 chit3 faat3
[普] xiǎng fāng shè fǎ
(1) to think up every possible method

惹事生非
[粤] ye5 si6 sang1 fei1
[普] rě shì shēng fēi
(1) to stir up trouble

愚公移山
[粤] yue4 gung1 yi4 saan1
[普] yú gōng yí shān
(1) (idiom) Where there is a will, there is a way.

愛不釋手 （爱不释手）
[粤] oi3 bat1 sik1 sau2
[普] ài bú shì shǒu
(1) be loving something so much that one will not let it out of one's hand

愛屋及烏 （爱屋及乌）
[粤] oi3 uk1 kap6 woo1
[普] ài wū jí wū
(1) (idiom) Love me, love my

dog.

愛莫能助 （爱莫能助）
[粵] oi3 mok6 nang4 joh6
[普] ài mò néng zhù
(1) willing to offer assistance to others but powerless to do so

損人利己 （损人利己）
[粵] suen2 yan4 lei6 gei2
[普] sǔn rén lì jǐ
(1) harming others for one's personal benefit

暗無天日 （暗无天日）
[粵] am3 mou4 tin1 yat6
[普] àn wú tiān rì
(1) total absence of justice

滔滔不絕 （滔滔不绝）
[粵] tou1 tou1 bat1 juet6
[普] tāo tāo bù jué
(1) talking non-stop

煞費苦心 （煞费苦心）
[粵] saat3 fai3 foo2 sam1
[普] shā fèi kǔ xīn
(1) to rack one's brains

煥然一新 （焕然一新）
[粵] woon6 yin4 yat1 san1
[普] huàn rán yī xīn
(1) to take on a completely new appearance

瑕瑜互見 （瑕瑜互见）
[粵] ha4 yue4 woo6 gin3
[普] xiá yú hù xiàn
(1) one's strengths and weaknesses are obvious to the eye

當之無愧 （当之无愧）
[粵] dong1 ji1 mou4 kwai3
[普] dāng zhī wú kuì
(1) be worthy of

當仁不讓 （当仁不让）
[粵] dong1 yan4 bat1 yeung6
[普] dāng rén bú ràng
(1) to not pass on to others what one is called upon to do

當務之急 （当务之急）
[粵] dong1 mou6 ji1 gap1
[普] dāng wù zhī jí
(1) the most pressing matter of the moment

當機立斷 （当机立断）
[粵] dong1 gei1 laap6 duen6
[普] dāng jī lì duàn

(1) to make prompt decisions

置之不理
[粵] ji3 ji1 bat1 lei5
[普] zhì zhī bù lǐ
(1) to ignore

置若罔聞 （置若罔闻）
[粵] ji3 yeuk6 mong5 man4
[普] zhì ruò wǎng wén
(1) to pretend not to hear something

置諸不理 （置诸不理）
[粵] ji3 jue1 bat1 lei5
[普] zhì zhū bù lǐ
(1) to ignore

義不容辭 （义不容辞）
[粵] yi6 bat1 yung4 chi4
[普] yì bù róng cí
(1) be duty-bound

義正詞嚴 （义正词严）
[粵] yi6 jing1 chi4 yim4
[普] yì zhèng cí yán
(1) to speak righteously and sternly

義無反顧 （义无反顾）
[粵] yi6 mou4 faan2 goo3
[普] yì wú fǎn gù
(1) to pursue justice with no second thoughts

肆無忌憚 （肆无忌惮）
[粵] si3 mou4 gei6 daan6
[普] sì wú jì dàn
(1) to behave unscrupulously

腳踏實地 （脚踏实地）
[粵] geuk3 daap6 sat6 dei6
[普] jiǎo tà shí dì
(1) down-to-earth

萬家燈火 （万家灯火）
[粵] maan6 ga1 dang1 foh2
[普] wàn jiā dēng huǒ
(1) (a night light scene of a city or town) a myriad of twinkling lights

萬眾一心 （万众一心）
[粵] maan6 jung3 yat1 sam1
[普] wàn zhòng yī xīn
(1) The people are united.

萬紫千紅 （万紫千红）
[粵] maan6 ji2 chin1 hung4
[普] wàn zǐ qiān hóng
(1) a blaze of colour

| 補偏救弊 | （补偏救弊）
[粵] bou2 pin1 gau3 bai6
[普] bǔ piān jiù bì
(1) to remedy defects and correct errors

| 詩情畫意 | （诗情画意）
[粵] si1 ching4 wa2 yi3
[普] shī qíng huà yì
(1) poetic and pictorial splendour

| 誇大其辭 | （夸大其辞）
[粵] kwa1 daai6 kei4 chi4
[普] kuā dà qí cí
(1) exaggerate

| 誠心誠意 | （诚心诚意）
[粵] sing4 sam1 sing4 yi3
[普] chéng xīn chéng yì
(1) with all sincerity

| 誠惶誠恐 | （诚惶诚恐）
[粵] sing4 wong4 sing4 hung2
[普] chéng huáng chéng kǒng
(1) in fear and trepidation

| 載歌載舞 | （载歌载舞）
[粵] joi3 goh1 joi3 mou5
[普] zài gē zài wǔ
(1) be joyful as much as one likes

| 運籌帷幄 | （运筹帷幄）
[粵] wan6 chau4 wai4 ak1
[普] yùn chóu wéi wò
(1) to map out a strategy

| 過目不忘 | （过目不忘）
[粵] gwoh3 muk6 bat1 mong4
[普] guò mù bú wàng
(1) to learn something by heart after reading it once

| 雷打不動 | （雷打不动）
[粵] lui4 da2 bat1 dung6
[普] léi dǎ bú dòng
(1) will go ahead whatever happens

| 雷厲風行 | （雷厉风行）
[粵] lui4 lai6 fung1 hang4
[普] léi lì fēng xíng
(1) to carry out the government decree rigorously and rapidly

| 雷霆萬鈞 | （雷霆万钧）
[粵] lui4 ting4 maan6 gwan1
[普] léi tíng wàn jūn
(1) an irresistible force

| 嘆為觀止 | （叹为观止）
[粵] taan3 wai4 goon1 ji2
[普] tàn wéi guān zhǐ
(1) to feel surprised and admirable about something because it is so beautiful or exciting

| 寢食不安 | （寝食不安）
[粵] cham2 sik6 bat1 on1
[普] qǐn shí bù ān
(1) to be very worried

| 寥寥無幾 | （寥寥无几）
[粵] liu4 liu4 mou4 gei2
[普] liáo liáo wú jǐ
(1) just a very few

| 實而不華 | （实而不华）
[粵] sat6 yi4 bat1 wa4
[普] shí ér bù huá
(1) no-frills

| 對牛彈琴 | （对牛弹琴）
[粵] dui3 ngau4 taan4 kam4
[普] duì niú tán qín
(1) (idiom) preach to deaf ears

| 屢見不鮮 | （屡见不鲜）
[粵] lui5 gin3 bat1 sin2
[普] lǚ jiàn bù xiān
(1) a common occurrence

| 截然不同 |
[粵] jit6 yin4 bat1 tung4
[普] jié rán bù tóng
(1) be entirely different

| 漏洞百出 |
[粵] lau6 dung6 baak3 chut1
[普] lòu dòng bǎi chū
(1) full of loopholes

| 漫不經心 | （漫不经心）
[粵] maan6 bat1 ging1 sam1
[普] màn bù jīng xīn
(1) to pay no attention to

| 漫無目的 | （漫无目的）
[粵] maan6 mou4 muk6 dik1
[普] màn wú mù dì
(1) to be without a goal

| 熙熙攘攘 |
[粵] hei1 hei1 yeung6 yeung6
[普] xī xī rǎng rǎng
(1) bustling with activity or people

| 爾虞我詐 | （尔虞我诈）
[粵] yi5 yue4 ngoh5 ja3

[普] ěr yú wǒ zhà
(1) trying to outwit one other interpersonally

盡心盡力 （尽心尽力）
[粵] jun6 sam1 jun6 lik6
[普] jìn xīn jìn lì
(1) to make the greatest possible effort

禍從口出 （祸从口出）
[粵] woh6 chung4 hau2 chut1
[普] huò cóng kǒu chū
(1) A loose tongue may cause a lot of trouble.

稱心滿意 （称心满意）
[粵] ching3 sam1 moon5 yi3
[普] chēng xīn mǎn yì
(1) be totally satisfied

稱兄道弟 （称兄道弟）
[粵] ching1 hing1 dou6 dai6
[普] chēng xiōng dào dì
(1) to have a great relationship

竭盡全力 （竭尽全力）
[粵] kit3 jun6 chuen4 lik6
[普] jié jìn quán lì
(1) to put in the most effort in doing something

精心細算 （精心细算）
[粵] jing1 sam1 sai3 suen3
[普] jīng xīn xì suàn
(1) meticulous planning and careful accounting

精疲力盡 （精疲力尽）
[粵] jing1 pei4 lik6 jun6
[普] jīng pí lì jìn
(1) worn out

精益求精
[粵] jing1 yik1 kau4 jing1
[普] jīng yì jiù jīng
(1) to constantly improve something

精神飽滿 （精神饱满）
[粵] jing1 san4 baau2 moon5
[普] jīng shén bǎo mǎn
(1) *(idiom)* feel one's oats

精神滿腹 （精神满腹）
[粵] jing1 san4 moon5 fuk1
[普] jīng shén mǎn fù
(1) It is used to praise a person who is knowledgeable and has the creativity that surpasses others.

綽綽有餘 （绰绰有余）

[粵] cheuk3 cheuk3 yau5 yue4
[普] chuò chuò yǒu yú
(1) more than enough

聞名遐邇 （闻名遐迩）
[粵] man4 ming4 ha4 yi5
[普] wén míng xiá ěr
(1) to be famous far and near

與眾不同 （与众不同）
[粵] yue5 jung3 bat1 tung4
[普] yǔ zhòng bù tóng
(1) out of the ordinary

舞文弄墨
[粵] mou5 man4 lung6 mak6
[普] wǔ wén nòng mò
(1) engage in phrase-mongering **(2)** pervert the law by playing with legal phraseology

裹足不前
[粵] gwoh2 juk1 bat1 chin4
[普] guǒ zú bù qián
(1) to hesitate to move forward

語重心長 （语重心长）
[粵] yue5 chung5 sam1 cheung4
[普] yǔ zhòng xīn cháng

(1) sincere words and earnest wishes

輕而易舉 （轻而易举）
[粵] hing1 yi4 yi6 gui2
[普] qīng ér yì jǔ
(1) easy to do

輕舉妄動 （轻举妄动）
[粵] hing1 gui2 mong5 dung6
[普] qīng jǔ wàng dòng
(1) to act impetuously and blindly

凜若冰霜 （凛若冰霜）
[粵] lam5 yeuk6 bing1 seung1
[普] lǐn ruò bīng shuāng
(1) have a forbidding manner

廝守終生 （厮守终生）
[粵] si1 sau2 jung1 sang1
[普] sī shǒu zhōng shēng
(1) to be together forever

廢寢忘食 （废寝忘食）
[粵] fai3 cham2 mong4 sik6
[普] fèi qǐn wàng shí
(1) to be completely wrapped up in one's work

憂心忡忡 （忧心忡忡）

[粵] yau1 sam1 chung1 chung1
[普] yōu xīn chōng chōng
(1) deeply worried and sick at heart

數一數二 （数一数二）
[粵] sou2 yat1 sou2 yi6
[普] shǔ yī shǔ èr
(1) considered among the best

數不勝數 （数不胜数）
[粵] sou2 bat1 sing1 sou2
[普] shǔ bú shèng shǔ
(1) too numerous to count

數以萬計 （数以万计）
[粵] sou3 yi5 maan6 gai3
[普] shù yǐ wàn jì
(1) numerous

暴風驟雨 （暴风骤雨）
[粵] bou6 fung1 jaau6 yue5
[普] bào fēng zhòu yǔ
(1) tempest

暴跳如雷
[粵] bou6 tiu3 yue4 lui4
[普] bào tiào rú léi
(1) (phrase) fly into a rage

樂此不疲 （乐此不疲）
[粵] lok6 chi2 bat1 pei4
[普] lè cǐ bù pí
(1) to particularly enjoy doing something and never be tired of it

潰不成軍 （溃不成军）
[粵] kooi2 bat1 sing4 gwan1
[普] kuì bù chéng jūn
(1) (of troops) to suffer a crushing defeat

熟能生巧
[粵] suk6 nang4 sang1 haau2
[普] shú néng shēng qiǎo
(1) (idiom) Practice makes perfect.

窮則思變 （穷则思变）
[粵] kung4 jak1 si1 bin3
[普] qióng zé sī biàn
(1) Adversity leads to prosperity.

緣木求魚 （缘木求鱼）
[粵] yuen4 muk6 kau4 yue4
[普] yuán mù qiú yú
(1) Using the wrong methods to do something and failing to do

it successfully.

談何容易 （谈何容易）
[粤] taam4 hoh4 yung4 yi6
[普] tán hé róng yì
(1) *(idiom)* easier said than done

賞心悅目 （赏心悦目）
[粤] seung2 sam1 yuet6 muk6
[普] shǎng xīn yuè mù
(1) pleasing

賞心樂事 （赏心乐事）
[粤] seung2 sam1 ngaau6 si6
[普] shǎng xīn lè shì
(1) happy moods and pleasurable things

賢妻良母 （贤妻良母）
[粤] yin4 chai1 leung4 mou5
[普] xián qī liáng mǔ
(1) a good wife and loving mother

趣味相投
[粤] chui3 mei6 seung1 tau4
[普] qù wèi xiāng tóu
(1) be congenial to one's tastes

適者生存 （适者生存）
[粤] sik1 je2 sang1 chuen4
[普] shì zhě shēng cún
(1) *(phrase)* survival of the fittest

鄭重其事 （郑重其事）
[粤] jeng6 jung6 kei4 si6
[普] zhèng zhòng qí shì
(1) to take the matter seriously

銳不可當 （锐不可当）
[粤] yui6 bat1 hoh2 dong1
[普] ruì bù kě dāng
(1) unable to hold back

震耳欲聾 （震耳欲聋）
[粤] jan3 yi5 yuk6 lung4
[普] zhèn ěr yù lóng
(1) deafening

鴉雀無聲 （鸦雀无声）
[粤] a1 jeuk3 mou4 sing1
[普] yā què wú shēng
(1) absolute silence

奮不顧身 （奋不顾身）
[粤] fan5 bat1 goo3 san1
[普] fèn bú gù shēn
(1) to dash on bravely regardless of one's own safety

| 橫七豎八 |（横七竖八）

[粵] waang4 chat1 sue6 baat3
[普] héng qī shù bā
(1) in disorder

| 獨一無二 |（独一无二）

[粵] duk6 yat1 mou4 yi6
[普] dú yī wú èr
(1) unique and unmatched

| 獨當一面 |（独当一面）

[粵] duk6 dong1 yat1 min6
[普] dú dāng yī miàn
(1) to take charge of a department alone

| 積習難改 |（积习难改）

[粵] jik1 jaap6 naan4 goi2
[普] jī xí nán gǎi
(1) It is hard to throw off ingrained habits.

| 興致勃勃 |（兴致勃勃）

[粵] hing3 ji3 boot6 boot6
[普] xìng zhì bó bó
(1) full of enthusiasm

| 遺臭萬年 |（遗臭万年）

[粵] wai4 chau3 maan6 nin4
[普] yí chòu wàn nián
(1) to have one's name go down in history as a byword for infamy

| 錦上添花 |（锦上添花）

[粵] gam2 seung6 tim1 fa1
[普] jǐn shàng tiān huā
(1) (idiom) icing on the cake

| 錯漏百出 |（错漏百出）

[粵] choh3 lau6 baak3 chut1
[普] cuò lòu bǎi chū
(1) to be riddled with errors

| 優柔寡斷 |（优柔寡断）

[粵] yau1 yau4 gwa2 duen6
[普] yōu róu guǎ duàn
(1) be indecisive and not being able to make timely decisions

| 彌天大罪 |（弥天大罪）

[粵] mei4 tin1 daai6 jui6
[普] mí tiān dà zuì
(1) a heinous crime

| 應有盡有 |（应有尽有）

[粵] ying1 yau5 jun6 yau5
[普] yīng yǒu jìn yǒu
(1) to have everything that one might desire or expect

應接不暇（应接不暇）
[粤] ying3 jip3 bat1 ha6
[普] yìng jiē bù xiá
(1) too busy to attend to all

應運而生（应运而生）
[粤] ying3 wan6 yi4 sang1
[普] yīng yùn ér shēng
(1) able to take advantage of an opportunity when it arises

擦肩而過（擦肩而过）
[粤] chaat3 gin1 yi4 gwoh3
[普] cā jiān ér guò
(1) to touch someone lightly in passing

濟濟一堂（济济一堂）
[粤] jai3 jai3 yat1 tong4
[普] jì jì yī táng
(1) to gather under one roof

瞭如指掌（了如指掌）
[粤] liu4 yue4 ji2 jeung2
[普] liǎo rú zhǐ zhǎng
(1) to be very familiar with something

膽大心細（胆大心细）
[粤] daam2 daai6 sam1 sai3
[普] dǎn dà xīn xì
(1) bold but cautious

膽大妄為（胆大妄为）
[粤] daam2 daai6 mong5 wai4
[普] dǎn dà wàng wéi
(1) bold and reckless

膽小如鼠（胆小如鼠）
[粤] daam2 siu2 yue4 sue2
[普] dǎn xiǎo rú shǔ
(1) as timid as a mouse

膽戰心驚（胆战心惊）
[粤] daam2 jin3 sam1 ging1
[普] dǎn zhàn xīn jīng
(1) to tremble with fear

臨陣脫逃（临阵脱逃）
[粤] lam4 jan6 tuet3 tou4
[普] lín zhèn tuō táo
(1) (idiom) cold feet

舉世無雙（举世无双）
[粤] gui2 sai3 mou4 seung1
[普] jǔ shì wú shuāng
(1) unparalleled

舉世聞名（举世闻名）
[粤] gui2 sai3 man4 ming4
[普] jǔ shì wén míng

(1) to be famous throughout the world

舉目無親 （举目无亲）
[粵] gui2 muk6 mou4 chan1
[普] jǔ mù wú qīn
(1) be unfamiliar with the place and the people **(2)** being alone and having no one to rely on

舉步維艱 （举步维艰）
[粵] gui2 bou6 wai4 gaan1
[普] jǔ bù wéi jiān
(1) to make progress only with great difficulty

舉棋不定 （举棋不定）
[粵] gui2 kei4 bat1 ding6
[普] jǔ qí bú dìng
(1) being unable to make up one's mind on what move to make next

講三講四 （讲三讲四）
[粵] gong2 saam1 gong2 sei3
[普] jiǎng sān jiǎng sì
(1) (idiom) gossip about

輾轉反側 （辗转反侧）
[粵] jin2 juen2 faan2 jak1
[普] zhǎn zhuǎn fǎn cè
(1) (phrase) toss and turn

避而不見 （避而不见）
[粵] bei6 yi4 bat1 gin3
[普] bì ér bú jiàn
(1) to avoid meeting somebody

邂逅相遇
[粵] haai5 hau6 seung1 yue6
[普] xiè hòu xiāng yù
(1) to meet by chance

鍥而不捨 （锲而不舍）
[粵] kit3 yi4 bat1 se2
[普] qiè ér bù shě
(1) to work with perseverance

點石成金 （点石成金）
[粵] dim2 sek6 sing4 gam1
[普] diǎn shí chéng jīn
(1) to turn one's poor writing into a literary gem

歸根結蒂 （归根结蒂）
[粵] gwai1 gan1 git3 dai3
[普] guī gēn jié dì
(1) to get to the root of the problem

瞻前顧後 （瞻前顾后）
[粵] jim1 chin4 goo3 hau6

[普] zhān qián gù hòu
(1) excessively cautious

禮尚往來 （礼尚往来）
[粵] lai5 seung6 wong5 loi4
[普] lǐ shàng wǎng lái
(1) to return politeness for politeness

翻天覆地
[粵] faan1 tin1 fuk1 dei6
[普] fān tiān fù dì
(1) tremendous change

翻雲覆雨 （翻云覆雨）
[粵] faan1 wan4 fuk1 yue5
[普] fān yún fù yǔ
(1) (idiom) blow hot and cold

謹言慎行 （谨言慎行）
[粵] gan2 yin4 san6 hang4
[普] jǐn yán shèn xíng
(1) be cautious with one's words and actions

雙管齊下 （双管齐下）
[粵] seung1 goon2 chai4 ha6
[普] shuāng guǎn qí xià
(1) to work on two tasks at the same time

雜亂無章 （杂乱无章）
[粵] jaap6 luen6 mou4 jeung1
[普] zá luàn wú zhāng
(1) disordered and in a mess

雞毛蒜皮 （鸡毛蒜皮）
[粵] gai1 mou4 suen3 pei4
[普] jī máo suàn pí
(1) inconsequential trifles

雞犬不寧 （鸡犬不宁）
[粵] gai1 huen2 bat1 ning4
[普] jī quǎn bù níng
(1) great commotion

雞零狗碎 （鸡零狗碎）
[粵] gai1 ling4 gau2 sui3
[普] jī líng gǒu suì
(1) in bits and pieces

離鄉背井 （离乡背井）
[粵] lei4 heung1 booi3 jeng2
[普] lí xiāng bèi jǐng
(1) to leave one's homeland and live outside of it

離群索居 （离群索居）
[粵] lei4 kwan4 saak3 gui1
[普] lí qún suǒ jū
(1) to leave the community and

live alone

礙手礙腳 （碍手碍脚）
[粵] ngoi6 sau2 ngoi6 geuk3
[普] ài shǒu ài jiǎo
(1) (phrase) get in the way

藝高膽大 （艺高胆大）
[粵] ngai6 gou1 daam2 daai6
[普] yì gāo dǎn dà
(1) superb skill engenders bravery

關門大吉 （关门大吉）
[粵] gwaan1 moon4 daai6 gat1
[普] guān mén dà jí
(1) to ridicule the failure of a business that has led to its shutting down

難分難解 （难分难解）
[粵] naan4 fan1 naan4 gaai2
[普] nán fēn nán jiě
(1) to become caught up in an irresolvable situation

難兄難弟 （难兄难弟）
[粵] naan6 hing1 naan6 dai6
[普] nàn xiōng nàn dì
(1) brothers in hardship

難言之隱 （难言之隐）
[粵] naan4 yin4 ji1 yan2
[普] nán yán zhī yǐn
(1) a hidden trouble hard to mention

難能可貴 （难能可贵）
[粵] naan4 nang4 hoh2 gwai3
[普] nán néng kě guì
(1) something rare and deserving praise

難得一見 （难得一见）
[粵] naan4 dak1 yat1 gin3
[普] nán dé yī jiàn
(1) hard to see or it is seldom seen

顛沛流離 （颠沛流离）
[粵] din1 pooi3 lau4 lei4
[普] diān pèi liú lí
(1) wander from place to place

顛倒黑白 （颠倒黑白）
[粵] din1 dou2 hak1 baak6
[普] diān dǎo hēi bái
(1) to misrepresent the facts or to confuse right and wrong

寶刀未老 （宝刀未老）

[粵] bou2 dou1 mei6 lou5
[普] bǎo dāo wèi lǎo
(1) is not over the hill yet

懸崖勒馬 （悬崖勒马）
[粵] yuen4 ngaai4 lak6 ma5
[普] xuán yá lè mǎ
(1) to pull back before it is too late

觸目驚心 （触目惊心）
[粵] juk1 muk6 ging1 sam1
[普] chù mù jīng xīn
(1) the matter is very severe

觸景生情 （触景生情）
[粵] juk1 ging2 sang1 ching4
[普] chù jǐng shēng qíng
(1) What meets one's eye awakens a feeling of affection through association.

飢不擇食 （饥不择食）
[粵] gei1 bat1 jaak6 sik6
[普] jī bù zé shí
(1) nothing comes amiss to a hungry man

飢寒交迫 （饥寒交迫）
[粵] gei1 hon4 gaau1 bik1
[普] jī hán jiāo pò
(1) to suffer cold and hunger

躍躍欲試 （跃跃欲试）
[粵] yeuk6 yeuk6 yuk6 si3
[普] yuè yuè yù shì
(1) be eager to give something a try

鐵石心腸 （铁石心肠）
[粵] tit3 sek6 sam1 cheung4
[普] tiě shí xīn cháng
(1) heart of stone

鐵面無私 （铁面无私）
[粵] tit3 min6 mou4 si1
[普] tiě miàn wú sī
(1) strictly impartial and incorruptible

鐵樹開花 （铁树开花）
[粵] tit3 sue6 hoi1 fa1
[普] tiě shù kāi huā
(1) Things are rarely seen or extremely difficult to realise.

鐵證如山 （铁证如山）
[粵] tit3 jing3 yue4 saan1
[普] tiě zhèng rú shān
(1) irrefutable evidence

露出馬腳 （露出马脚）

[粵] lou6 chut1 ma5 geuk3
[普] lòu chū mǎ jiǎo
(1) show the cloven hoof

響徹雲霄 （响彻云霄）
[粵] heung2 chit3 wan4 siu1
[普] xiǎng chè yún xiāo
(1) the sound or voice is loud

顧全大局 （顾全大局）
[粵] goo3 chuen4 daai6 guk6
[普] gù quán dà jú
(1) to work for the benefits of all

顧名思義 （顾名思义）
[粵] goo3 ming4 si1 yi6
[普] gù míng sī yì
(1) as the name implies

顧此失彼 （顾此失彼）
[粵] goo3 chi2 sat1 bei2
[普] gù cǐ shī bǐ
(1) cannot pay attention to one thing without neglecting the other

顧慮重重 （顾虑重重）
[粵] goo3 lui6 chung4 chung4
[普] gù lǜ chóng chóng
(1) be very worry over

something and consider about it over and over again

魑魅魍魎 （魑魅魍魎）
[粵] chi1 mei6 mong5 leung5
[普] chī mèi wǎng liǎng
(1) all kinds of bad people

鶴立雞群 （鹤立鸡群）
[粵] hok6 laap6 gai1 kwan4
[普] hè lì jī qún
(1) Stand out from the crowd.

黯然失色
[粵] am2 yin4 sat1 sik1
[普] àn rán shī sè
(1) (idiom) put someone in the shade

齜牙咧嘴 （龇牙咧嘴）
[粵] ji1 nga4 le2 jui2
[普] zī yá liě zuǐ
(1) to grit your teeth in pain

歡天喜地 （欢天喜地）
[粵] foon1 tin1 hei2 dei6
[普] huān tiān xǐ dì
(1) be extremely happy and excited

歡欣鼓舞 （欢欣鼓舞）

[粵] foon1 yan1 goo2 mou5
[普] huān xīn gǔ wǔ
(1) be happy and excited

癬疥之疾 （癣疥之疾）
[粵] sin2 gaai3 ji1 jat6
[普] xuǎn jiè zhī jí
(1) a slight ailment or a minor problem

聽天由命 （听天由命）
[粵] ting3 tin1 yau4 ming6
[普] tīng tiān yóu mìng
(1) to submit to the will of heaven and one's fate

聽其自然 （听其自然）
[粵] ting3 kei4 ji6 yin4
[普] tīng qí zì rán
(1) (idiom) to take things as they come

鑄成大錯 （铸成大错）
[粵] jue3 sing4 daai6 choh3
[普] zhù chéng dà cuò
(1) to make a serious mistake

驕兵必敗 （骄兵必败）
[粵] giu1 bing1 bit1 baai6
[普] jiāo bīng bì bài
(1) An army puffed up with pride and underestimating their enemy troops is bound to lose.

戀戀不捨 （恋恋不舍）
[粵] luen2 luen2 bat1 se2
[普] liàn liàn bù shě
(1) be reluctant to leave

竊竊私語 （窃窃私语）
[粵] sit3 sit3 si1 yue5
[普] qiè qiè sī yǔ
(1) to talk secretly in private

竊竊私議 （窃窃私议）
[粵] sit3 sit3 si1 yi5
[普] qiè qiè sī yì
(1) to discuss something in a low voice privately

變幻莫測 （变幻莫测）
[粵] bin3 waan6 mok6 chaak1
[普] biàn huàn mò cè
(1) It is used to describe something that is having a marked tendency to change and unpredictable.

變幻無常 （变幻无常）
[粵] bin3 waan6 mou4 seung4
[普] biàn huàn wú cháng
(1) It is used to describe

something that is having a marked tendency to change and unpredictable.

變本加厲（变本加厉）
[粤] bin3 boon2 ga1 lai6
[普] biàn běn jiā lì
(1) to become more intense

顯而易見（显而易见）
[粤] hin2 yi4 yi6 gin3
[普] xiǎn ér yì jiàn
(1) (phrase) It goes without saying.

驚弓之鳥（惊弓之鸟）
[粤] ging1 gung1 ji1 woo1
[普] jīng gōng zhī niǎo
(1) It is used to describe somebody who is easily frightened due to past experiences.

驚天動地（惊天动地）
[粤] ging1 tin1 dung6 dei6
[普] jīng tiān dòng dì
(1) world-shaking

驚心動魄（惊心动魄）
[粤] ging1 sam1 dung6 paak3
[普] jīng xīn dòng pò
(1) be struck with fright

驚惶失措（惊惶失措）
[粤] ging1 wong4 sat1 chou3
[普] jīng huáng shī cuò
(1) be terrified and flustered

驚慌失措（惊慌失措）
[粤] ging1 fong1 sat1 chou3
[普] jīng huāng shī cuò
(1) to lose one's head out of fear

驚濤駭浪（惊涛骇浪）
[粤] ging1 tou4 haai5 long6
[普] jīng tāo hài làng
(1) perilous situation

體無完膚（体无完肤）
[粤] tai2 mou4 yuen4 foo1
[普] tǐ wú wán fū
(1) to sustain quite serious injuries

體貼入微（体贴入微）
[粤] tai2 tip3 yap6 mei4
[普] tǐ tiē rù wēi
(1) to show every possible consideration

鱗次櫛比（鳞次栉比）

［粵］lun4 chi3 jit3 bei2
［普］lín cì zhì bǐ
(1) row upon row

蠶食鯨吞 （蚕食鲸吞）
［粵］chaam4 sik6 king4 tan1
［普］cán shí jīng tūn
(1) The superpower will find a way to invade and occupies the territory of a weak country by either gradually encroaching it or annexing it in one go.

讚不絕口 （赞不绝口）
［粵］jaan3 bat1 juet6 hau2
［普］zàn bù jué kǒu
(1) to praise unceasingly

鬱鬱寡歡 （郁郁寡欢）
［粵］wat1 wat1 gwa2 foon1
［普］yù yù guǎ huān
(1) depressed

FIVE-CHARACTER IDIOMS

一弓射兩箭 （一弓射两箭）
[粵] yat1 gung1 se6 leung5 jin3
[普] yī gōng shè liǎng jiàn
(1) *(idiom)* kill two birds with one stone

一去不復返 （一去不复返）
[粵] yat1 hui3 bat1 fuk6 faan1
[普] yī qù bú fù fǎn
(1) gone forever

一言以蔽之
[粵] yat1 yin4 yi5 bai3 ji1
[普] yī yán yǐ bì zhī
(1) to cut a long story short

一棍子打死
[粵] yat1 gwan3 ji2 da2 sei2
[普] yī gùn zǐ dǎ sǐ
(1) to completely negate

一鼻孔出氣 （一鼻孔出气）
[粵] yat1 bei6 hung2 chut1 hei3
[普] yī bí kǒng chū qì
(1) Two people say exactly the same thing.

一舉手之勞 （一举手之劳）
[粵] yat1 gui2 sau2 ji1 lou4
[普] yī jǔ shǒu zhī láo

(1) *to describe something that is not difficult to do, that is easy to handle or that is easy to accomplish*

三思而後行 （三思而后行）
[粵] saam3 si1 yi4 hau6 hang4
[普] sān sī ér hòu xíng
(1) think before you act

好心有好報 （好心有好报）
[粵] hou2 sam1 yau5 hou2 bou3
[普] hǎo xīn yǒu hǎo bào
(1) *(proverb)* As you sow, so shall you reap.

死雞撐飯蓋 （死鸡撑饭盖）
[粵] sei2 gai1 chaang3 faan6 goi3
[普] sǐ jī chēng fàn gài
(1) *to refuse to admit one is at fault by defending oneself even when the truth is obvious*

桃李滿天下 （桃李满天下）
[粵] tou4 lei5 moon5 tin1 ha6
[普] táo lǐ mǎn tiān xià
(1) numerous students

欲速則不達 （欲速则不达）
[粵] yuk6 chuk1 jak1 bat1 daat6
[普] yù sù zé bù dá
(1) Acting with undue haste will often lead to the failure in reaching one's aim.

歲月不待人 （岁月不待人）

[粵] sui3 yuet6 bat1 doi6 yan4
[普] suì yuè bú dài rén
(1) Time and tide wait for no man.

萬事起頭難 （万事起头难）
[粵] maan6 si6 hei2 tau4 naan4
[普] wàn shì qǐ tóu nán
(1) (idiom) first step is always the hardest

落筆打三更 （落笔打三更）
[粵] lok6 bat1 da2 saam1 gaang1
[普] luò bǐ dǎ sān gēng
(1) to blunder at the very start

臨時抱佛腳 （临时抱佛脚）
[粵] lam4 si4 pou5 fat6 geuk3
[普] lín shí bào fó jiǎo
(1) to think of a way without delay or as quickly as possible only at the last minute to remedy a problem or a situation

SIX-CHARACTER IDIOMS

一不做，二不休
[粵] yat1 bat1 jou6, yi6 bat1 yau1
[普] yī bú zuò, èr bù xiū
(1) Since we started doing one thing, we must carry it through whatever happens.

一而再，再而三
[粵] yat1 yi4 joi3, joi3 yi4 saam1
[普] yī ér zài, zài ér sān
(1) again and again

一蟹不如一蟹
[粵] yat1 haai5 bat1 yue4 yat1 haai5
[普] yī xiè bù rú yī xiè
(1) each one is worse than the last

丁是丁，卯是卯
[粵] ding1 si6 ding1, maau5 si6 maau5
[普] dīng shì dīng, mǎo shì mǎo
(1) be conscientious and meticulous in what one is doing and is doing it within the strict rules

人算不如天算
[粵] yan4 suen3 bat1 yue4 tin1 suen3
[普] rén suàn bù rú tiān suàn
(1) Man proposes, but God disposes.

五十步笑百步

［粵］ ng5 sap6 bou6 siu3 baak3 bou6
［普］ wǔ shí bù xiào bǎi bù
(1) *(idiom)* the pot calling the kettle black

左耳入右耳出
［粵］ joh2 yi5 yap6 yau6 yi5 chut1
［普］ zuǒ ěr rù yòu ěr chū
(1) *(idiom)* go in one ear and out the other

生米煮成熟飯 （生米煮成熟饭）
［粵］ saang1 mai5 jue2 sing4 suk6 faan6
［普］ shēng mǐ zhǔ chéng shú fàn
(1) What is done cannot be undone.

有志者，事竟成
［粵］ yau5 ji3 je2，si6 ging2 sing4
［普］ yǒu zhì zhě，shì jìng chéng
(1) *(idiom)* Where there is a will, there is a way.

迅雷不及掩耳
［粵］ sun3 lui4 bat1 kap6 yim2 yi5
［普］ xùn léi bù jí yǎn ěr
(1) The party has acted so quickly that the other one cannot have taken precautions against it in time.

風馬牛不相及 （风马牛不相及）
［粵］ fung1 ma5 ngau4 bat1 seung1 kap6
［普］ fēng mǎ niú bù xiāng jí
(1) to be completely unrelated to one another

察其友，知其人

［粤］ chaat3 kei4 yau5 , ji1 kei4 yan4
［普］ chá qí yǒu , zhī qí rén
(1) *A man is known by the company he keeps.*

SEVEN-CHARACTER IDIOMS

一人做事一人當 （一人做事一人当）

[粵] *yat1 yan4 jou6 si6 yat1 yan4 dong1*
[普] *yī rén zuò shì yī rén dāng*

(1) one is solely responsible for what one has done

一寸光陰一寸金 （一寸光阴一寸金）

[粵] *yat1 chuen3 gwong1 yam1 yat1 chuen3 gam1*
[普] *yī cùn guāng yīn yī cùn jīn*

(1) time is precious

一山不能藏二虎

[粵] *yat1 saan1 bat1 nang4 chong4 yi6 foo2*
[普] *yī shān bù néng cáng èr hǔ*

(1) Two people are incompatible with each other.

一失足成千古恨

[粵] *yat1 sat1 juk1 sing4 chin1 goo2 han6*
[普] *yī shī zú chéng qiān gǔ hèn*

(1) to err greatly for once will lead to a matter for regret or resentment lasting forever

一年之計在於春 （一年之计在于春）

[粵] *yat1 nin4 ji1 gai3 joi6 yue1 chun1*
[普] *yī nián zhī jì zài yú chūn*

(1) early planning is the key to success

一個巴掌拍不響 （一个巴掌拍不响）

[粵] *yat1 goh3 ba1 jeung2 paak3 bat1 heung2*

[普] yī gè bā zhǎng pāi bù xiǎng
(1) *it takes two persons to start a dispute*

不管三七二十一

[粵] bat1 goon2 saam1 chat1 yi6 sap6 yat1
[普] bù guǎn sān qī èr shí yī
(1) *despite the consequences*

有錢能使鬼推磨 （有钱能使鬼推磨）

[粵] yau5 chin2 nang4 si2 gwai2 tui1 moh4
[普] yǒu qián néng shǐ guǐ tuī mó
(1) *(phrase) Money talks.*

身在福中不知福

[粵] san1 joi6 fuk1 jung1 bat1 ji1 fuk1
[普] shēn zài fú zhōng bù zhī fú
(1) *Growing up in happiness, one often fails to appreciate what happiness really means.*

英雄難過美人關 （英雄难过美人关）

[粵] ying1 hung4 naan4 gwoh3 mei5 yan4 gwaan1
[普] yīng xióng nán guò měi rén guān
(1) *The hero becomes a prisoner of love.*

醉翁之意不在酒

[粵] jui3 yung1 ji1 yi3 bat1 joi6 jau2
[普] zuì wēng zhī yì bú zài jiǔ
(1) *to have an ulterior motive*

EIGHT-CHARACTER IDIOMS

一人計短，二人計長 （一人计短，二人计长）

[粵] yat1 yan4 gai3 duen2，yi6 yan4 gai3 cheung4
[普] yī rén jì duǎn，èr rén jì cháng

(1) *(idiom) two heads are better than one*

一人傳十，十人傳百 （一人传十，十人传百）

[粵] yat1 yan4 chuen4 sap6，sap6 yan4 chuen4 baak3
[普] yī rén chuán shí，shí rén chuán bǎi

(1) *The news passes very quickly by word of mouth.*

一夫當關，萬夫莫開 （一夫当关，万夫莫开）

[粵] yat1 foo1 dong1 gwaan1，maan6 foo1 mok6 hoi1
[普] yī fū dāng guān，wàn fū mò kāi

(1) *It is used to describe a terrain that is rugged and dangerous.*

一日為師，終身為父 （一日为师，终身为父）

[粵] yat1 yat6 wai4 si1，jung1 san1 wai4 foo6
[普] yī rì wéi shī，zhōng shēn wéi fù

(1) *Even if someone is your teacher for only a day, you should regard him like your father for the rest of your life.*

一言既出，駟馬難追 （一言既出，驷马难追）

[粵] yat1 yin4 gei3 chut1，si3 ma5 naan4 jui1
[普] yī yán jì chū，sì mǎ nán zhuī

(1) *Once something has been said, it cannot be taken back.*

一波未平，一波又起

[粵] yat1 boh1 mei6 ping4，yat1 boh1 yau6 hei2

[普] yī bō wèi píng，yī bō yòu qǐ
(1) A new problem arises before the old one is solved.

十目所視，十手所指 （十目所视，十手所指）
[粵] sap6 muk6 soh2 si6，sap6 sau2 soh2 ji2
[普] shí mù suǒ shì，shí shǒu suǒ zhǐ
(1) with many people watching one cannot do wrong without being seen

十年樹木，百年樹人 （十年树木，百年树人）
[粵] sap6 nin4 sue6 muk6，baak3 nin4 sue6 yan4
[普] shí nián shù mù，bǎi nián shù rén
(1) it is not easy to cultivate talents

上天無路，入地無門 （上天无路，入地无门）
[粵] seung5 tin1 mou4 lou6，yap6 dei6 mou4 moon4
[普] shàng tiān wú lù，rù dì wú mén
(1) to be trapped in a hopeless situation

天下無不散之筵席 （天下无不散之筵席）
[粵] tin1 ha6 mou4 bat1 saan3 ji1 yin4 jik6
[普] tiān xià wú bú sàn zhī yán xí
(1) (idiom) All good things must come to an end meaning.

天網恢恢，疏而不漏 （天网恢恢，疏而不漏）
[粵] tin1 mong5 fooi1 fooi1，soh1 yi4 bat1 lau6
[普] tiān wǎng huī huī，shū ér bú lòu
(1) The perpetrator cannot escape punishment under national law.

水能載舟，亦能覆舟 （水能载舟，亦能覆舟）

[粤] sui2 nang4 joi3 jau1，yik6 nang4 fuk1 jau1
[普] shuǐ néng zài zhōu，yì néng fù zhōu
(1) One can be benefited or harmed by something solely depends on how one uses something.

耳聽為虛，眼見為實 （耳听为虚，眼见为实）
[粤] yi5 ting1 wai4 hui1，ngaan5 gin3 wai4 sat6
[普] ěr tīng wéi xū，yǎn jiàn wéi shí
(1) Don't believe what people tell you until you see it for yourself.

物以類聚，人以群分 （物以类聚，人以群分）
[粤] mat6 yi5 lui6 jui6，yan4 yi5 kwan4 fan1
[普] wù yǐ lèi jù，rén yǐ qún fēn
(1) (idiom) birds of a feather flock together

知己知彼，百戰百勝 （知己知彼，百战百胜）
[粤] ji1 gei2 ji1 bei2，baak3 jin3 baak3 sing3
[普] zhī jǐ zhī bǐ，bǎi zhàn bǎi shèng
(1) Know yourself and know your enemy, and you will never be defeated.

金玉其外，敗絮其中 （金玉其外，败絮其中）
[粤] gam1 yuk6 kei4 ngoi6，baai6 sui5 kei4 jung1
[普] jīn yù qí wài，bài xù qí zhōng
(1) (proverb) all that glitters is not gold

家家有本難念的經 （家家有本难念的经）
[粤] ga1 ga1 yau5 boon2 naan4 nim6 dik1 ging1
[普] jiā jiā yǒu běn nán niàn de jīng
(1) every family has a skeleton in the cupboard

差之毫釐，失之千里 （差之毫厘，失之千里）

[粵] cha1 ji1 hou4 lei4，sat1 ji1 chin1 lei5
[普] chà zhī háo lí，shī zhī qiān lǐ

(1) A small discrepancy leads to a great error.

魚與熊掌，不可兼得 （鱼与熊掌，不可兼得）

[粵] yue4 yue5 hung4 jeung2，bat1 hoh2 gim1 dak1
[普] yú yǔ xióng zhǎng，bù kě jiān dé

(1) You cannot have both at the same time.

塞翁失馬，焉知非福 （塞翁失马，焉知非福）

[粵] choi3 yung1 sat1 ma5，yin1 ji1 fei1 fuk1
[普] sài wēng shī mǎ，yān zhī fēi fú

(1) A setback may turn out to be a blessing in disguise.

當局者迷，旁觀者清 （当局者迷，旁观者清）

[粵] dong1 guk6 je2 mai4，pong4 goon1 je2 ching1
[普] dāng jú zhě mí，páng guān zhě qīng

(1) (idiom) lookers-on see most of the game

路見不平，拔刀相助 （路见不平，拔刀相助）

[粵] lou6 gin3 bat1 ping4，bat6 dou1 seung1 joh6
[普] lù jiàn bù píng，bá dāo xiāng zhù

(1) to stand up against injustice or anything that is unfair (2) to help fight for the mistreated and the weak

福無雙至，禍不單行 （福无双至，祸不单行）

[粵] fuk1 mou4 seung1 ji3，woh6 bat1 daan1 hang4
[普] fú wú shuāng zhì，huò bù dān xíng

(1) blessings do not come in pairs, misfortunes never come singly

種瓜得瓜，種豆得豆 （种瓜得瓜，种豆得豆）
［粵］ jung3 gwa1 dak1 gwa1，jung3 dau2 dak1 dau2
［普］ zhǒng guā dé guā，zhǒng dòu dé dòu
(1) *One must live with the consequences of one's actions.*

NINE-CHARACTER IDIOMS

丈二和尚摸不着頭腦 （丈二和尚摸不着头脑）
[粵] jeung6 yi6 woh4 seung2 moh2 bat1 jeuk6 tau4 nou5
[普] zhàng èr hé shàng mō bù zháo tóu nǎo
(1) have totally no clue about it

三個和尚擔水無粥食 （三个和尚担水无粥食）
[粵] saam1 goh3 woh4 seung2 daam1 sui2 mou4 juk1 sik6
[普] sān gè hé shàng dān shuǐ wú zhōu shí
(1) *(idiom)* Too many cooks spoil the broth.

除非太陽從西邊出來 （除非太阳从西边出来）
[粵] chui4 fei1 taai3 yeung4 chung4 sai1 bin1 chut1 loi4
[普] chú fēi tài yáng cóng xī biān chū lái
(1) *(idiom)* when pigs fly

TEN-CHARACTER IDIOMS

工欲善其事，必先利其器
[粵] gung1 yuk6 sin6 kei4 si6，bit1 sin1 lei6 kei4 hei3
[普] gōng yù shàn qí shì，bì xiān lì qí qì
(1) To do a good job, an artisan needs the best tools.

天下無難事，只怕有心人 （天下无难事，只怕有心人）
[粵] tin1 ha6 mou4 naan4 si6，ji2 pa3 yau5 sam1 yan4
[普] tiān xià wú nán shì，zhī pà yǒu xīn rén
(1) Nothing in the world is hard for one who sets one's own mind to it.

牛不飲水，不能按牛頭低 （牛不饮水，不能按牛头低）
[粵] ngau4 bat1 yam2 sui2，bat1 nang4 on3 ngau4 tau4 dai1
[普] niú bù yǐn shuǐ，bù néng àn niú tóu dī
(1) (idiom) You can lead a horse to water, but you can't make him drink.

以小人之心，度君子之腹
[粵] yi5 siu2 yan4 ji1 sam1，dok6 gwan1 ji2 ji1 fuk1
[普] yǐ xiǎo rén zhī xīn，duó jūn zǐ zhī fù
(1) to unfairly judge a noble person with one's own despicable mind

成人不自在，自在不成人
[粵] sing4 yan4 bat1 ji6 joi6，ji6 joi6 bat1 sing4 yan4

[普] chéng rén bú zì zài，zì zài bù chéng rén

(1) If people want achievements, they must work hard for it and not sit there doing nothing.

知之為知之，不知為不知 （知之为知之，不知为不知）

[粵] ji1 ji1 wai4 ji1 ji1，bat1 ji1 wai4 bat1 ji1

[普] zhī zhī wéi zhī zhī，bù zhī wéi bù zhī

(1) to admit what one truly understands and what one does not know

無風不起浪，無火不生煙 （无风不起浪，无火不生烟）

[粵] mou4 fung1 bat1 hei2 long6，mou4 foh2 bat1 sang1 yin1

[普] wú fēng bù qǐ làng，wú huǒ bù shēng yān

(1) everything must have a cause

禍兮福所倚，福兮禍所伏 （祸兮福所倚，福兮祸所伏）

[粵] woh6 hai4 fuk1 soh2 yi2，fuk1 hai4 woh6 soh2 fuk6

[普] huò xī fú suǒ yǐ，fú xī huò suǒ fú

(1) Good fortune follows upon disaster and disaster lurks within good fortune.

SIDNEY LAU CANTONESE ROMANISATION SYSTEM PRONUNCIATION GUIDE

The pronunciation in Cantonese for each Chinese character is usually made up of three main elements: Initial Sound, Final Sound and Tone.

Cantonese Initial Sounds

There are 19 Initial Sounds in standard Cantonese, and these are listed in the following table.

Cantonese Initial Sound	Initial Sound To Be Pronounced For The Bold Part Of The Following English Word	Sidney Lau Cantonese Romanisation for the Example Chinese Character	Example Chinese Character	Example Chinese Character In English
b	**b**aby	**b**a1	爸	Father
ch	**ch**urch	**ch**a1	叉	Fork
d	**d**ot	**d**a1	打	Dozen
f	**f**ather	**f**a1	花	Flower
g	**g**un	**g**a1	家	Family
gw	**gw**endoline	**gw**a1	瓜	Melon
h	**h**ouse	**h**a1	蝦	Prawn
j	**j**aw	**j**a1	咱	I, We (inclusive)
k	**k**ick	**k**a1	鉲	Californium
kw	**qu**ick	**kw**a1	誇	Exaggerate

Cantonese Initial Sound	Initial Sound To Be Pronounced For The Bold Part Of The Following English Word	Sidney Lau Cantonese Romanisation for the Example Chinese Character	Example Chinese Character	Example Chinese Character In English
l	**l**ong	**l**ou6	路	Road
m	**m**y	**m**a1	媽	Mother
n	**n**ail	**n**ou6	怒	Angry
ng	si**ng**	**ng**a4	牙	Tooth
p	**p**ark	**p**eng4	平	Inexpensive
s	**s**and	**s**a1	沙	Sand
t	**t**eam	**t**a1	他	Him
w	**w**in	**w**a1	蛙	Frog
y	**y**oung	**y**a5	也	Also

Cantonese Final Sounds

There are 53 Final Sounds in standard Cantonese, and these are listed in the following table.

Cantonese Final Sound	Final Sound To Be Pronounced For The Bold Part Of The Following English or Foreign Word	Sidney Lau Cantonese Romanisation for the Example Chinese Character	Example Chinese Character	Example Chinese Character In English
a	c**a**r	g**a**1	家	Family
aai	**ai**sle	m**aai**5	買	Buy
aak	**ark** (where k is unaspirated)	b**aak**6	白	White
aam	**arm**	s**aam**1	三	Three

Cantonese Final Sound	Final Sound To Be Pronounced For The Bold Part Of The Following English or Foreign Word	Sidney Lau Cantonese Romanisation for the Example Chinese Character	Example Chinese Character	Example Chinese Character In English
aan	aunt	chaan1	餐	Meal
aang	car + ng	chaang1	瞠	Stare
aap	harp (where p is unaspirated)	aap3	鴨	Duck
aat	art (where t is unaspirated)	baat3	八	Eight
aau	cow	gaau3	教	Teach
ai	cup + it	sai3	細	Small
ak	duck (where k is unaspirated)	hak1	黑	Black
am	sum	sam1	心	Heart
an	gun	san1	新	New
ang	rung	dang1	燈	Lamp
ap	cup (where p is unaspirated)	sap6	十	Ten
at	but (where t is unaspirated)	mat1	乜	What
au	shout	gau3	夠	Enough
e	cherry	che1	車	Car
ei	day (a close pronunciation only)	fei1	飛	Fly
ek	neck (where k is unaspirated)	tek3	踢	Kick
eng	length	teng1	聽	Listen

Cantonese Final Sound	Final Sound To Be Pronounced For The Bold Part Of The Following English or Foreign Word	Sidney Lau Cantonese Romanisation for the Example Chinese Character	Example Chinese Character	Example Chinese Character In English
euh	h**er**	h**euh**1	靴	Boot
euk	p**erk** (where k is unaspirated)	j**euk**3	鵲	Magpie
eung	h**er** + **ng**	j**eung**2	槳	Oar
i	s**ee**	s**i**1	詩	Poem
ik	s**ick** (where k is unaspirated)	s**ik**6	食	Eat
im	h**im**	t**im**4	甜	Sweet
in	b**in**	m**in**6	面	Face
ing	s**ing**	b**ing**1	冰	Ice
ip	t**ip** (where p is unaspirated)	j**ip**3	懾	Afraid
it	h**it** (where t is unaspirated)	t**it**3	鐵	Iron
iu	h**i**t + w**ou**ld	s**iu**3	笑	Smile
m	**mmm**	**m**4	唔	Not
ng	si**ng**	**ng**5	五	Five
oh	l**aw**	g**oh**1	歌	Song
oi	t**oy**	h**oi**1	開	Open
ok	l**ock** (where k is unaspirated)	h**ok**6	學	Learn
on	f**awn**	g**on**1	乾	Dry
ong	l**ong**	l**ong**6	浪	Wave
oo	c**oul**d	f**oo**3	褲	Pants
ooi	c**ou**ld + **it**	b**ooi**1	杯	Cup

Cantonese Final Sound	Final Sound To Be Pronounced For The Bold Part Of The Following English or Foreign Word	Sidney Lau Cantonese Romanisation for the Example Chinese Character	Example Chinese Character	Example Chinese Character In English
oon	c**oul**d + **n**	w**oon**2	碗	Bowl
oot	c**oul**d + **t** (where t is unaspirated)	f**oot**3	闊	Wide
ot	b**ought** (where t is unaspirated)	h**ot**3	渴	Thirsty
ou	g**o** (based on Scottish pronunciation)	g**ou**1	高	High
ue	dess**us** (based on French pronunciation)	s**ue**1	書	Book
uen	**un**e (based on French pronunciation)	s**uen**1	酸	Sour
uet	ch**ute** (based on French pronunciation, and where t is unaspirated)	s**uet**3	雪	Snow
ui	D**uei**l (based on French pronunciation)	t**ui**1	推	Push
uk	b**oo**k (where k is unaspirated)	**uk**1	屋	House
un	fash**ion**	j**un**1	樽	Bottle

Cantonese Final Sound	Final Sound To Be Pronounced For The Bold Part Of The Following English or Foreign Word	Sidney Lau Cantonese Romanisation for the Example Chinese Character	Example Chinese Character	Example Chinese Character In English
ung	acht**ung** (based on German pronunciation)	tung2	桶	Bucket
ut	mall**et** (where t is unaspirated)	jut1	怵	Afraid

Cantonese Tones

According to some scholars who deal with the research of Cantonese phonology, there should be seven tones in Cantonese, and this is consistent with the original Sidney Lau Cantonese Romanisation System Pronunciation Guide on Tones.

For simplicity, only six tones are indicated by the numbers 1 to 6 in the Cantonese romanisation of all the Chinese characters in this dictionary.

The underlying reasons are that the high level tone and high falling tone are often not distinguished by the speakers of the younger generation especially in Hong Kong and most textbooks would simply treat these two tones as tone number 1.

Please see the table below in relation to the tone numbers used in this dictionary.

Cantonese Tone Number	Tone Name	Sidney Lau Cantonese Romanisation for the Example Chinese Character	Example Chinese Character	Example Chinese Character In English
1	High Level	si1	詩	Poem
1	High Falling	saam1	三	Three
2	Middle Rising	gau2	九	Nine
3	Middle Level	baat3	八	Eight
4	Low Falling	ling4	零	Zero
5	Low Rising	ng5	五	Five
6	Low Level	yi6	二	Two

Made in the USA
Monee, IL
09 June 2021